Valérie Kunz

Têtu comme une mule

DIE WICHTIGSTEN REDEWENDUNGEN

Buch mit Audios online

Hueber Verlag

Umschlagfoto: Sieveking · Agentur für Kommunikation, München, unter Verwendung von © Getty Images/iStock/bombuscreative

Zeichnungen: Martin Guhl, Stein am Rhein, Schweiz

Ein kostenloser MP3-Download zum Buch ist unter **www.hueber.de/audioservice** erhältlich.

Sprecher: Crock Krumbiegel, Marie-Paule Ragheb
Produktion: Tonstudio Langer, 85375 Neufahrn, Deutschland

„Têtu comme une mule" basiert auf „Ich versteh nur Bahnhof! Deutsch – Französisch" (ISBN 978-3-19-107893-5), das um Übungen erweitert wurde.

Autorin und Verlag danken Frau Agnès Boismorel für die Erstellung der Übungen.

3. 2. 1. | Die letzten Ziffern
2023 22 21 20 19 | bezeichnen Zahl und Jahr des Druckes.
Alle Drucke dieser Auflage können, da unverändert, nebeneinander benutzt werden.
1. Auflage

Umschlaggestaltung: Sieveking · Agentur für Kommunikation, München
Layout und Satz: Sieveking · Agentur für Kommunikation, München
Verlagsredaktion: Helga Aichele, Hueber Verlag, München
Druck und Bindung: Friedrich Pustet GmbH & Co. KG, Regensburg
Printed in Germany
ISBN 978-3-19-157893-0

Art. 530_26201_001_01

Vorwort

Jede Sprache verfügt über ein buntes Repertoire an idiomatischen Wendungen, die eine Sprache lebendig machen, und auf oft amüsante Art die Mannigfaltigkeit eines Landes und seiner Kultur zum Ausdruck bringen. Diese oft bildhaften Wendungen können Lerner aber auch leicht in die Irre führen.

Sie werden in **Têtu comme une mule** schnell feststellen, dass die meisten deutschen Wendungen nicht wortwörtlich übersetzt werden können. So ist man im Französischen eben nicht „störrisch wie ein Esel", sondern „wie ein Maultier". Und oft bedient sich das französische Äquivalent ganz anderer Bilder. Hätten Sie zum Beispiel gewusst, dass „wie ein Ochs vorm Scheunentor" der französischen Wendung «comme une poule qui a trouvé un couteau» (wie ein Huhn, das ein Messer gefunden hat) entspricht? Dieses und vieles mehr werden Sie beim Durchblättern und Hören entdecken und so Missverständnisse im Sprachgebrauch vermeiden lernen. Ich wünsche Ihnen viel Spaß dabei.

Als Ordnungsprinzip wurde das erste Substantiv der deutschen Wendung bzw. ein Hauptstichwort gewählt. Der Pfeil verweist auf einen synonymen Eintrag, unter dem dann die französische Übersetzung sowie ein Beispielsatz aufgeführt sind. Während Sprichwörter (prov) auch im Deutschen gekennzeichnet sind, werden stilistische Einschränkungen nur für das Französische angegeben. Alle Redewendungen und Beispiele sind als MP3-Dateien, die Sie kostenlos downloaden können, vertont. Das Symbol ▶ zeigt jeweils an, wo ein neuer MP3-Track beginnt.

Im Anschluss an die Wendungen können Sie anhand der Übungen testen, wie viel Sie beim Lesen und Hören behalten haben.

Folgende Abkürzungen wurden verwendet:

fam	familier (umgangssprachlich)	jmd	jemand
arg	argot (Slang)	qn.	quelqu'un (jemand)
vulg	vulgaire (vulgär)	qc.	quelque chose (etwas)
prov	proverbe (Sprichwort)		

Ich möchte mich ganz herzlich bei Lysiane Sterckx, Blandine, Baptiste und Clément Fabre sowie bei Klaus Weinzierl und meinen Kindern für ihre Unterstützung bedanken.

Valérie Kunz

Inhaltsverzeichnis

A

1 **A • von A bis Z**

de A à Z, du début à la fin

▸ Il me parle toujours de son passé, maintenant je connais son histoire du début à la fin.

A • das A und O

le b a, ba

▸ Une bonne culture générale est le b a, ba de la carrière du journaliste.

abgebrannt • abgebrannt sein

être à sec (fam), être sans un sou, être fauché comme les blés (fam)

▸ Je ne peux malheureusement pas t'inviter, je suis fauché comme les blés.

Affe • einen Affen haben

être pompette (fam)

▸ Quand il est rentré de sa réunion, il était pompette.

Angsthase

poltron (fam), froussard (fam), couard (arg), trouillard (fam), poule mouillée (fam)

▸ Albert, c'est un froussard. Dès que le chef passe près de lui, il se met à trembler.

Anhieb • auf Anhieb

du premier coup, d'emblée

▸ C'est incroyable mais vrai: elle a eu son permis du premier coup.

Anstands-Wauwau • den Anstands-Wauwau spielen

servir de chaperon

▶ Il m'a demandé de servir de chaperon à sa jolie femme ce soir. Moi, j'ai accepté.

Apfel • Der Apfel fällt nicht weit vom Stamm. (prov)

Tel père, tel fils. (prov)

Apfel • für 'n Appel und 'n Ei

pour une bouchée de pain

▶ Il a acheté ce terrain pour une bouchée de pain. À cette époque personne ne pouvait savoir qu'un jour les touristes s' intéresseraient à cette région.

Arbeitstier • ein Arbeitstier sein

être une bête de travail, être un bourreau de travail, travailler comme un bossu (fam)

▶ Mon voisin rentre toujours très tard du travail. Ou c'est un bourreau du travail ou alors il a une maitresse.

Arsch • sich den Arsch aufreißen

se casser le cul à faire qc. (vulg)

▶ Je me suis cassé le cul à lui faire sa déclaration d'impôts et maintenant il me dit à peine bonjour.

Arsch • sich in den Arsch beißen

se mordre les doigts de qc. (fam)

▶ Je me mords encore les doigts de lui avoir rendu ce service !

Arschkriecher • ein Arschkriecher sein

être un lèche-cul (vulg), être un lèche-botte (fam)

▶ C'est le plus grand lèche-cul du bureau.

aufgeschmissen • aufgeschmissen sein

rester le bec dans l'eau, être bien embêté

▶ Cette fois, il était vraiment à court d'arguments et il est resté le bec dans l'eau.

2 Aufhebens • (nicht) viel Aufhebens von etwas machen

faire tout un plat de qc. (fam), faire tout un cas de qc.

▶ Il fait toujours tout un plat du succès de son fils.

Auge • Auge um Auge, Zahn um Zahn.

Œil pour œil, dent pour dent.

▶ Pas question d'avoir pitié, ce sera œil pour œil, dent pour dent !

Auge • ins Auge springen

crever les yeux (fam), sauter aux yeux

▶ Ça saute aux yeux qu'elle est folle de lui !

Auge • kein Auge zutun

ne pas fermer l'œil

▶ Depuis que mon voisin a été cambriolé, je ne ferme plus l'œil de la nuit.

Augen • jmd schöne Augen machen

faire les beaux yeux à qn., faire les yeux doux à qn.

▶ Elle fait les yeux doux à mon mari et elle croit que je suis aveugle !

Augen • schwarz vor Augen werden

voir trente-six chandelles

▶ J'ai reçu un coup sur la tête et j'ai vraiment vu trente-six chandelles.

Augen • unter vier Augen

entre nous, entre quat-z-yeux

▶ On en a parlé entre quat-z-yeux, c'était une histoire d'hommes.

August • den dummen August spielen

jouer au gugusse, faire le fou

▶ Quand il est gêné, il joue au gugusse pour cacher son embarras.

ausbaden • etwas ausbaden müssen

trinquer pour qn., payer les pots cassés

▶ C'est encore lui qui va devoir payer les pots cassés pour son fils.

ausgekocht • ausgekocht sein

être rusé, être malin

▶ Il est rusé comme un renard, il faut s'en méfier.

3 **baden • als Kind zu heiß gebadet worden sein**

avoir été bercé un peu près du mur, ne pas tourner rond

▸ Quel idiot ! Sa mère a dû le bercer trop près du mur quand il était bébé !

baff • baff sein

être baba (fam), être époustouflé, être estomaqué (fam), en avoir les bras coupés (fam)

▸ Hier au théâtre, j'ai été baba de voir mon ex-mari avec ma voisine !

Bahnhof • nur Bahnhof verstehen

c'est du chinois, ne rien y comprendre

▸ Ton histoire est vraiment tordue, je n'y comprends rien.

Balken • den Balken im eigenen Auge nicht sehen

voir la paille dans l'œil de l'autre mais ne pas voir la poutre dans le sien

▸ Cette personne ne cesse de me parler de la paille dans mon œil mais elle ne voit pas la poutre dans le sien. Je me moque de ses critiques.

Balken • lügen, dass sich die Balken biegen

mentir comme un arracheur de dents

▸ Ce dentiste ment comme un arracheur de dents, il m'avait dit que je ne sentirais rien.

Bärenhunger • einen Bärenhunger haben

avoir une faim de loup

▸ Après avoir abattu tout ce travail, je suis prête à tout avaler. J'ai une faim de loup.

bärenstark • bärenstark sein

être fort comme un bœuf

▸ Pour bouger ce gros meuble, j'attendrai Robert, il est fort comme un bœuf.

Bart • einen Bart haben

faire une drôle de tête

▶ Lorsque je lui ai annoncé qu'il n'avait pas réussi son test, il a fait une drôle de tête. Ça se comprend.

Bäume ausreißen

avoir bouffé du lion

▶ Ce sportif est prêt à tout pour remporter la coupe, il est motivé et super entrainé. On dirait qu'il a bouffé du lion !

Becher • zu tief in den Becher gucken

boire un coup de trop, trop caresser la bouteille

▶ À force de trop caresser la bouteille, il s'est endormi ...

Bein • sich kein Bein ausreißen

 4

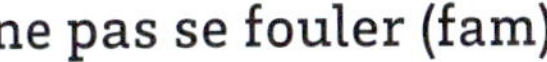

ne pas se fouler (fam)

▶ Son rapport était nul. Il ne s'est pas foulé, quel fainéant !

Beine • die Beine in die Hand nehmen

prendre ses jambes à son cou

▶ Elle était seule dans le parc, il faisait noir, quand elle a entendu un bruit, elle a eu peur et a pris ses jambes à son cou.

Beine • sich die Beine in den Bauch stehen

poireauter (fam), faire le pied de grue (fam)

▶ Nous avions rendez-vous à 15 h, j'ai fait le pied de grue pendant une heure. J'ai horreur de poireauter !

berappen • etwas berappen müssen

devoir casquer (fam), devoir cracher (fam)

▶ Sa voiture était mal garée, il a casqué 100 euros de contraventions.

Berg • goldene Berge versprechen

promettre monts et merveilles

▶ Pour avoir sa maitresse près de lui, il lui a promis monts et merveilles …

Berg • über alle Berge sein

prendre la poudre d'escampette (fam), gagner le large (fam), prendre la clé des champs

▶ Après avoir cambriolé la banque, le voleur a pris la poudre d'escampette.

Berg • über den Berg sein

avoir fait le plus dur, avoir le cul sorti des ronces (fam), être sorti de l'auberge

▶ Il a réussi la première partie de ses examens, il est presque sorti de l'auberge.

beschlagen • beschlagen sein

être fort, être calé en qc. (fam)

▶ Lui, il est calé en physique et en chimie, moi en sport et toi ?

Besen • Da fress ich einen Besen.

Je veux bien être pendu si … / Que le diable m'emporte si …

▶ Je veux bien être pendu si vous me prouvez que j'ai tort.

Besonderes • sich für etwas Besonderes halten

ne pas se prendre pour de la merde (arg), ne plus s'entendre péter (fam)

▶ Depuis qu'elle a acheté sa nouvelle voiture, on ne peux plus jouer devant son garage, elle ne se prend pas pour de la merde cette fille.

5 Bett • ans Bett gefesselt sein

être cloué au lit

▶ La grippe l'a cloué au lit pendant six jours !

bienenfleißig

rapide comme l'abeille, travailleuse comme la fourmi

▶ Afin que tout soit parfait pour la réception, elle a tout préparé minutieusement. Elle a été rapide comme l'abeille et travailleuse comme la fourmi.

Bierbauch

avoir une grosse bedaine, avoir un gros bide (fam), avoir du ventre

▶ Le pauvre Jules passe ses journées au café à boire de la bière. Il a à peine trente ans et il a déjà du ventre.

Bindfäden • Es regnet Bindfäden.

Il pleut des cordes. (fam) / Il pleut comme vache qui pisse. (fam) / Il pleut à torrents.

▶ Il pleut comme vache qui pisse, sortons les parapluies !

Blatt • kein Blatt vor den Mund nehmen

ne pas mâcher ses mots, ne pas y aller par quatre chemins

▶ Lorsque Marcel a décidé de dire quelque chose, il ne mâche pas ses mots, il dit tout ce qu'il pense !

blau • blau machen

faire l'école buissonnière

▶ Cet enfant n'aime pas l'école. Il fait souvent l'école buissonnière et va au cinéma.

Blitz • wie ein geölter Blitz

à toutes blindes, comme une flèche, avec la rapidité de l'éclair

▶ Lorsqu'il a appris qu'il était papa, il est parti à toutes blindes à la clinique !

Blitz • wie vom Blitz getroffen sein

être frappé par la foudre, être scié, avoir les jambes coupées (fam)

▶ Lorsqu'il m'a annoncé qu'il était déjà marié, j'ai eu les jambes coupées, je n'arrivais pas à le croire.

Blut • böses Blut machen

mettre la zizanie

▶ Cessez donc de vous disputer à cause de lui, son seul objectif est de mettre la zizanie entre vous.

Blut • Nur ruhig Blut!

Du calme ! / Tout doux ! / Pas de panique !

▶ Tout doux, ça ne sert à rien de t'énerver, tu vas réussir, pas de panique !

6 Bock • einen Bock schießen

faire une grosse gaffe (fam), faire une bévue, faire une boulette (fam)

▶ Il ne faut surtout rien confier à ce garçon, c'est un spécialiste en boulettes. Il n'arrête pas de faire des gaffes !

Bock • Ich hab keinen Bock!

Je n'ai pas trop envie ! / Pas envie ! / Ça ne me dit rien !

▶ Cette sortie entre filles ne me dit rien, je n'ai pas trop envie d'y aller.

Bohnenstange • eine Bohnenstange sein

Frau: **être une grande perche (fam) / une grande bringue (fam)**

Mann: **être un grand escogriffe (fam)**

▶ Cette femme est maigre comme un clou et grande comme un réverbère, c'est une grande bringue. Son mari, c'est pareil, lui, c'est un escogriffe.

Bohnenstroh • dumm wie Bohnenstroh sein

être bête comme ses pieds (fam)

▶ Ce garçon est très beau, dommage qu'il soit bête comme ses pieds ...

Bombengeschäft

une affaire en or

▶ Il m'avait assuré qu'il s'agissait d'une affaire en or mais c'était une arnaque !

Bonze

un gros bonnet, un gros riche

▶ Notre nouveau voisin est un gros bonnet. Il a une grosse voiture et un gros chauffeur.

Boss • der Boss

le singe, le grand chef

▶ Au bureau, je suis chargé de répondre au téléphone et d'apporter le café au grand chef.

Brot • sein Brot verdienen

courir après le bifteck (fam), gagner sa vie

▶ Ce travail n'est pas très agréable mais il faut bien gagner sa vie pour nourrir sa famille.

Brummschädel

avoir la gueule de bois (arg)

▶ Hier à la fête, il a un peu trop bu, ce matin il avait la gueule de bois.

bunt • Das wird mir zu bunt!

C'est trop ! / J'en ai marre ! / J'en ai ras le bol !

▶ Mon chef me donne trop de boulot, j'en ai marre !

Butter • alles in Butter

tout baigne dans l'huile

▶ En ce moment tout va bien, tout se passe comme prévu, tout baigne dans l'huile.

 7 **Dach • etwas unter Dach und Fach bringen**

boucler qc., classer une affaire

▶ Avant de commencer à travailler sur un nouveau dossier, il est préférable de boucler les autres en cours.

dalli! • Nun mal dalli dalli!

Allez hop, et que ça saute ! (fam)

▶ Je veux que tu m'obéisses, allez hop, et que ça saute !

Dampf • Dampf dahinter machen

mettre les bouchées doubles (fam), activer une affaire, y mettre un coup (fam)

▶ Il faut terminer ce dossier avant ce soir. Mon chef m'a dit d'y mettre un coup.

Daumen • Däumchen drehen

tourner les pouces, se la couler douce (fam)

▶ Depuis qu'il est remarié, il se la coule douce. Sa femme lui fait tout.

davonmachen • sich davonmachen

foutre le camp (fam), déguerpir (fam), se sauver

▶ Lorsque je l'ai vu arriver en colère, j'ai vite déguerpi.

Decke • vor Freude an die Decke springen

sauter de joie

▶ Lorsqu'il a vu ses résultats, il a sauté de joie.

deutsch • auf gut Deutsch gesagt

en bon français

Dickkopf • einen Dickkopf haben

être une tête de cochon (fam), être une tête de lard (arg), être une tête de pioche (fam)

▶ Il ne faut pas s'attarder avec ce client, c'est une vraie tête de cochon, impossible de négocier avec lui.

Dingsbums

8

machin chouette, truc

▶ Ce matin, j'ai rencontré heu ... machin chouette ... j'ai oublié son prénom !

Draufgänger • ein Draufgänger sein

être un casse-cou (fam), aller droit au but, être une tête brulée (fam)

▶ Dans son dernier film, il joue un jeune pilote émérite, un peu tête brulée, qui se retrouve parachuté en pleine Amazonie.

Dreck • sich einen Dreck um etwas scheren

se foutre de qc. (fam), se ficher de qc. (fam)

▶ Marcel m'avait promis de m'aider, il n'est pas venu. Que mon travail soit fait ou non, il s'en fout complètement !

dreckig • es geht ihm dreckig

être mal en point

Elle est sortie indemne de l'accident mais son mari est mal en point.

Dreikäsehoch

haut comme trois pommes, un bout de choux

▸ Il a 10 ans, il est haut comme trois pommes et parle déjà comme un homme.

Drücker • auf den letzten Drücker

à la dernière minute, à la bourre (fam)

▸ Il ne terminera pas ce travail ce soir, il s'y est pris à la dernière minute et maintenant il est à la bourre.

dumm • sich nicht für dumm verkaufen lassen

ne pas se laisser prendre pour un con / un idiot (fam), ne pas se faire avoir (fam)

▸ Il lui a dit qu'il ne se laisserait pas prendre pour un con une deuxième fois et il est sorti en claquant la porte.

Durchhänger • einen Durchhänger haben

avoir un coup de barre (fam), avoir un coup de pompe (fam)

▸ Après un bon repas, j'ai souvent un gros coup de barre.

Dusel • Dusel haben

avoir une chance de cocu (fam), avoir une veine de pendu (fam), avoir du bol

▸ Il a raflé le gros lot, il a vraiment une chance de cocu !

9

Ei • Das Ei will klüger als die Henne sein.

C'est pas à un vieux singe, qu'on apprend à faire des grimaces.

Ei • wie aus dem Ei gepellt

tiré à quatre épingles

▸ Lorsqu'il part au bureau, sa tenue est impeccable, il est toujours tiré à quatre épingles.

ein • nicht ein noch aus wissen

ne plus savoir à quel saint se vouer, perdre les pédales

▸ Son histoire était si compliquée qu'à un moment j'ai fini par perdre les pédales.

einbrocken • sich etwas eingebrockt haben

se mettre dans de beaux draps

▸ Il s'est mis dans de beaux draps avec cette histoire !

Eindruck • Eindruck schinden

en mettre plein la vue à qn.

▸ Il faut admettre qu'avec cette superbe femme à ses côtés, il en a mis plein la vue à ses collègues.

Eisen • jmd zum alten Eisen werfen

mettre qn. au placard (fam)

▸ Ils ont mis le chef de groupe au placard. Ça faisait 20 ans qu'il travaillait pour cette entreprise.

Ente • wie eine bleierne Ente schwimmen

nager comme un fer à repasser (fam)

▸ Je ne vais jamais à la piscine, car je nage comme un fer à repasser.

Ente • eine lahme Ente sein

un canard boiteux

▸ Quand ils le voient arriver, ils disent toujours : « voilà le canard boiteux qui arrive ! ».

entweder • entweder oder

c'est à prendre ou à laisser

▸ Tu n'as pas le choix, c'est à prendre ou à laisser.

Esel • störrisch wie ein Esel sein

être têtu comme une mule (fam), être têtu comme une bourrique (fam)

▸ On ne peut pas discuter avec le chef, il est têtu comme une mule.

Etwas • das gewisse Etwas haben

avoir du chien

▸ La nouvelle assistante du docteur a du chien.

10

Fäden • alle Fäden in der Hand halten

tenir les rênes, tirer les ficelles

▶ C'est sa femme qui tient les rênes et lui n'est que son exécutant.

Fahne • die Fahne nach dem Wind drehen

tourner à tous les vents, être une girouette

▶ On ne peut pas lui faire confiance, il change sans cesse d'opinion, c'est une vraie girouette !

Fall • Das ist nicht mein Fall.

Ce n'est pas ma tasse de thé.

▶ La Méditerranée ce n'est pas ma tasse de thé, je préfère la côte plus sauvage de l'Atlantique.

Falle • in der Falle sitzen

être fait comme un rat (fam), être pris au piège

▶ Lorsque l'alarme de la banque s'est mise en route, les cambrioleurs ont été faits comme des rats !

faul • Da ist was faul.

Il y a qc. qui cloche. (fam) / Qc. n'est pas catholique. (fam) / Il y a anguille sous roche. (fam)

▶ Cette histoire n'est pas catholique, il y a anguille sous roche, sois prudent.

Faulheit • vor Faulheit stinken

être un vrai fainéant (fam), être fainéant comme un pou (fam), être un cossard (fam)

▶ Mon collègue passe ses journées à ne rien faire, il est fainéant comme un pou !

Fäustchen • sich ins Fäustchen lachen

rire dans sa barbe (fam)

▶ Lorsque le professeur m'a disputé, j'ai vu que Véronique riait dans sa barbe. Je me vengerai plus tard.

faustdick • es faustdick hinter den Ohren haben

avoir plus d'un tour dans son sac (fam)

▶ Ce garçon est très rusé, il faut s'attendre à tout venant de lui, il a plus d'un tour dans son sac.

Fell • jmd das Fell über die Ohren ziehen

rouler qn. (fam), leurrer qn. (fam)

▶ Vous vous êtes fait avoir en achetant cette voiture d'occasion, le vendeur vous a roulé !

Fell • jmd juckt das Fell

avoir envie de recevoir une raclée (fam), vouloir une dégelée (fam)

▶ Ce garçon insulte tout le monde, il a surement envie de recevoir une raclée.

festnageln • jmd auf etwas festnageln

coincer qn. sur qc.

▶ Il pensait tout savoir sur le sujet mais j'ai réussi à le coincer sur une question qu'il n'avait pas étudiée.

Fetzen • da fliegen gleich die Fetzen

il va y avoir du grabuge (fam), il va y avoir du vilain (fam), il va y avoir de la bagarre

▶ Marcel est vraiment très fâché, il va y avoir du grabuge.

Feuerwehr • fahren wie die Feuerwehr

 11

rouler à toute vitesse, rouler à toute blinde (fam)

▶ Il a traversé le village en roulant à toute blinde, il s'est fait cueillir par les gendarmes pour excès de vitesse.

Finger • jmd um den kleinen Finger wickeln

embobiner qn. (fam)

▶ Elle a su embobiner ce pauvre garçon, elle en fait ce qu'elle en veut.

Finger • keinen Finger krumm machen

ne pas remuer le petit doigt (fam), ne pas lever le petit doigt (fam)

▶ Il voyait pourtant que je ne m'en sortais pas, il avait la solution mais il n'a pas bougé le petit doigt pour me sortir de là !

Finger • sich die Finger an etwas verbrennen

se bruler les ailes

▶ Il a vu trop grand, ses projets étaient irréalisables, il s'est brulé les ailes, il a tout perdu.

Fisch • stumm wie ein Fisch

être muet comme une carpe

▶ Ça ne sert à rien de lui poser toutes ces questions, il ne dira rien, il est muet comme une carpe.

fix • fix und fertig sein

être complètement crevé (arg), être claqué (arg), être sur les rotules (fam)

▶ Je suis complètement crevé, j'ai travaillé toute la nuit et je n'ai dormi que deux heures.

Fleiß • Ohne Fleiß kein Preis. (prov)
On ne fait pas d'omelette sans casser les œufs. (prov)

Fliegen • zwei Fliegen mit einer Klappe schlagen
faire d'une pierre deux coups

▶ En signant ce contrat, il a fait d'une pierre deux coups, un boulot et un logement de fonction !

Fressen • ein gefundenes Fressen
c'est du tout cuit, c'est une aubaine

▶ Lorsque Marcel est tombé malade, j'ai profité de l'aubaine pour prendre son poste et prouver mes qualités professionnelles au chef.

Frosch • einen Frosch in der Kehle / im Hals haben
avoir un chat dans la gorge (fam)

▶ Il s'est éclairci la voix en buvant un verre d'eau, il avait un chat dans la gorge, surement à cause de l'émotion.

Fuffziger • ein falscher Fuffziger
un faux-cul

▶ J'ai toujours considéré mon collègue comme très sympathique, jusqu'au jour où il a joué les faux-culs pour obtenir la place de responsable qui m'était due.

Fuß • auf großem Fuße leben
péter dans la soie (fam), mener grand train de vie

▶ Ces gens là mènent un grand train de vie, ils vivent dans le luxe mais à force de péter dans la soie, elle se troue !

12

Ganze • aufs Ganze gehen

mettre la gomme (fam), mettre le paquet (fam)

▶ Pour réussir son projet, il a travaillé jour et nuit. On peut vraiment dire qu'il a mis la gomme !

Gaspedal • aufs Gaspedal drücken

appuyer sur le champignon (fam)

▶ Albert est souvent en retard. Il a donc tendance à appuyer sur le champignon.

geben • Dem hab ich es aber gegeben!

clouer le bec à qn. (fam), rabattre le caquet à qn. (fam)

▶ Il est beaucoup trop prétentieux et trop fier, il faudrait lui rabattre le caquet.

genau • Ganz genau!

C'est ça. / Tout juste, Auguste !

Geheimnis • offenes Geheimnis

secret de polichinelle

▶ Ce que tu nous racontes là, tout le monde le sait, c'est un secret de polichinelle !

Geld • im Geld schwimmen

rouler sur l'or (fam), remuer les écus à la pelle (fam)

▶ Sa famille roule sur l'or, il n'y a qu'à voir les terrains qu'elle possède.

Geschäft • Beim Geschäft hört die Freundschaft auf.

Les bons comptes font les bons amis.

▶ Je n'aime pas devoir de l'argent à Eugène, on sait que les bons comptes font les bons amis.

gestern • nicht von gestern sein

ne pas être de la dernière pluie

▶ Il a voulu me faire croire à son histoire mais je ne suis pas de la dernière pluie, j'ai bien compris qu'il me mentait.

gesund • gesund und munter

avoir bon pied bon œil (fam), être en pleine forme, péter la forme (fam)

▶ A quatre-vingt-dix ans, il conduit encore sa voiture. Il a encore bon pied bon œil.

13 Getue • so ein Getue machen

faire des chichis (fam), n'être que de manières (fam)

▶ Sa nouvelle femme n'est que de manières, elle fait des chichis pour tout.

Gipfel • Das ist der Gipfel!

C'est le pompon ! (fam)

▶ Non seulement il vient me demander de l'argent pour payer ses factures mais en plus, il vient de réserver un voyage aux Malédives. C'est le pompon !

Glas • ein allerletztes Glas trinken

boire le der des der (fam), boire un petit dernier pour la route

▸ Bois un verre avant de partir, ce sera le der des der.

Glatze • eine Glatze haben

**ne plus avoir un poil sur le caillou (fam),
sa tête est un billard (fam)**

▸ À trente ans, il perdait déjà ses cheveux, aujourd'hui il n'a plus un poil sur le caillou.

glauben • Wer's glaubt, wird selig!

Mon œil ! / Et ta sœur, elle bat du beurre ?

▸ Tu racontes n'importe quoi ... Et ta sœur, elle bat du beurre ?

Gott • über Gott und die Welt reden

parler de la pluie et du beau temps

▸ Nous n'avions pas grand chose à nous dire, alors nous avons parlé de la pluie et du beau temps.

Große • bei den Großen mitmischen

jouer dans la cour des grands

▸ Lorsque cet amateur est passé professionnel, il a joué dans la cour des grands, il ne savait pas ce qui l'attendait.

gut • gut drauf sein

avoir la frite (fam), avoir une frite d'enfer

▸ Depuis que sa femme l'a quitté, on le reconnait à peine. Il a une frite d'enfer, il est de bonne humeur et a toujours le sourire aux lèvres.

14 **Haar • jmd aufs Haar gleichen**

ressembler comme deux gouttes d'eau à qn., ressembler à qn. trait pour trait

▸ Alexandre ressemble comme deux gouttes d'eau à son oncle.

Haar • um ein Haar

il s'en est fallu de peu, il était moins une, de justesse

▸ Il était moins une et je ratais encore une fois mon train.

Haare • sich in die Haare kriegen

être aux prises avec qn., avoir une prise de bec avec qn. (fam)

▸ Aujourd'hui j'ai eu une prise de bec avec ma bouchère, elle voulait me vendre un morceau de bœuf qui n'était plus tout frais.

Hahn • Hahn im Korbe sein

être le coq du village, être la coqueluche

▸ C'est lui le plus beau, c'est lui le plus charmant. Il est la coqueluche dans la maison de retraite.

Hals • Hals über Kopf

verlieben: tomber fou amoureux

▸ Dès qu'il l'a aperçue, il est tombé fou amoureux d'elle.

Hals • jmd / etwas auf dem / am Hals haben

avoir qn. / qc. sur le dos (fam), se retrouver avec qn. / qc. sur les bras (fam)

▸ Quand ma vieille tante Adélaide est rentrée à l'hôpital, je me suis retrouvé avec mon oncle sur le dos.

Hals • zum Hals heraushängen

en avoir plein le dos (fam), en avoir marre (fam), en avoir sa claque (fam), en avoir par dessus la tête

▸ J'en ai plein le dos de te voir toujours allongé sur le canapé à regarder la télé pendant que je m'occupe des enfants.

Hand • für jmd die Hand ins Feuer legen

mettre sa main au feu pour qn.

▶ Je suis prête à mettre ma main au feu pour cet homme. Je sais qu'il est innocent.

Hand • jmd zur Hand gehen

donner un coup de main à qn., mettre la main à la pâte (fam)

▶ Après l'école, il aimait donner un coup de main à son père dans le jardin.

Hand • weder Hand noch Fuß haben

n'avoir ni queue ni tête, qc. ne tient pas debout (fam)

▶ Ce que tu me racontes n'a ni queue, ni tête. Alors arrête !

Handtuch • das Handtuch werfen

jeter l'éponge (fam)

▶ Je suis à la limite de tout laisser tomber et de jeter l'éponge.

Handumdrehen • im Handumdrehen

en un quart de tour, en un tour de main, en cinq sec

▶ Les jeunes ouvriers m'ont beaucoup surprise. Ils ont fait leur travail en cinq sec.

hart • hart gesotten sein

 15

être un dur à cuire (fam)

▶ Notre lieutenant était un grand gaillard et un vrai dur à cuire. C'est un homme, comme on n'en rencontre plus souvent de nos jours.

Hase • ein alter Hase sein

être un vieux renard, être un averti, être un homme d'expérience

▶ C'est un vieux renard qui connait bien son métier. Ce n'est pas à lui qu'ils vont en conter.

Hasenfuß • ein Hasenfuß sein

être un froussard, être une poule mouillée, être un dégonflé

▶ J'ai toujours été une poule mouillée, un dégonflé. Mon psy, à qui je me suis confié, me l'a confirmé.

Häuschen • ganz aus dem Häuschen sein

être fou de joie

▶ Il est fou de joie depuis que sa femme lui a annoncé qu'elle attendait un enfant.

Haut • nur Haut und Knochen sein

n'avoir plus que la peau et les os (fam)

▶ Quand je l'ai vu, il n'avait plus que la peau et les os. Il faisait vraiment pitié à voir.

heimzahlen • jmd etwas heimzahlen

rendre la monnaie à qn., attendre qn. au tournant (fam), renvoyer l'ascenseur à qn. (fam)

▶ Dès que l'occasion s'est présentée, il lui a renvoyé l'ascenseur.

Heißsporn • ein Heißsporn sein

être une tête brulée, être un cerveau brulé

▶ Quel désespoir pour cette famille, leur fils est une vraie tête brulée.

Herren • zwei Herren dienen

courir deux lièvres à la fois

▶ Il faut que tu fasses attention à ne pas courir deux lièvres à la fois. Pour cela, fixe-toi des buts précis et va jusqu'au bout de ce que tu entreprends.

Herz • ein Herz aus Gold haben

avoir un cœur en or, avoir un cœur gros comme ça

▶ Ce vieil homme a un cœur en or. Son plus grand bonheur, c'est le plaisir des autres.

Herz • sich ein Herz fassen

prendre son courage à deux mains, se jeter à l'eau

▶ Il a pris son courage à deux mains et a pris la parole devant le public.

hier • hier und sofort

séance tenante, sur le champ

▶ Je veux des explications, séance tenante !

Hintern • Ich könnte mich in den Hintern beißen!

Je pourrais encore m'en mordre les pouces !

Hirn • sich das Hirn zermartern

se casser la tête, se prendre la tête, se creuser la cervelle

▸ Il s'est bien creusé la cervelle pour réussir ce devoir de mathématiques.

16 ### Hitze • in der Hitze des Gefechts

dans le feu de l'action

▸ Il était tellement excité qu'il dansait comme un fou. Dans le feu de l'action, il ne s'est pas aperçu qu'il perdait son pantalon.

hochnäsig sein

vouloir péter plus haut que son cul (arg), prendre des airs hautains

▸ Cette fille aime prendre des airs hautains, elle ressemble beaucoup à sa mère qui a toujours voulu péter plus haut que son cul.

Hochzeiten • auf zwei Hochzeiten tanzen

être au four et au moulin

▸ Quand j'aurai fini mon travail, je m'occuperai de toi. Je ne peux pas être au four et au moulin. Alors patiente un peu !

Höhe • auf der Höhe der Zeit sein

être à la page

▸ Mon grand-père est à la page. Il voyage beaucoup et ne communique avec nous que par sms et emails.

Höhe • Das ist die Höhe!

C'est le comble ! / C'est le bouquet ! / On aura tout vu !

▸ Un jeune qui boit de l'alcool à l'école, on aura tout vu !

Honig • Das ist kein Honigschlecken.

C'est pas du gâteau. (fam) / La vie n'est pas toujours rose.

▸ La vie c'est pas toujours du gâteau, surtout quand on la partage avec un homme aussi égoïste que lui.

Hopfen • Da ist Hopfen und Malz verloren!

C'est peine perdue !

Hosen • die Hosen anhaben

porter la culotte

▶ Dans ce ménage c'est la femme qui porte la culotte. Elle gère tout et quand elle est de bonne humeur, elle donne un peu d'argent de poche à son mari.

hü • Der eine sagt hü, der andere sagt hott.

L'un tire à hue et l'autre à dia.

▶ Ils ne sont jamais d'accord. Quand l'un tire à hue, l'autre tire à dia.

Hund • auf den Hund gekommen sein

tomber dans la misère, être dans la dèche, être ruiné

▶ Depuis que je suis au chômage, je suis dans la dèche.

Hund • bekannt sein wie ein bunter Hund

être connu comme le loup blanc

▶ Tout le monde le connait et parle de lui. Il est connu comme le loup blanc dans son village et aux alentours.

Hut • Das kannst du dir an den Hut stecken!

Tu peux te le mettre où je pense ! / Tu peux te le mettre au cul (arg) !

▶ Tu m'as menti, alors ton cadeau, tu peux te le mettre où je pense !

17 **in • in sein**

être branché

▶ Le nouveau cybercafé est un café très branché. Il est toujours plein, les serveurs sont super sympas et l'ambiance est très détendue.

in • es in sich haben

Problem / Aufgabe: **c'est pas du gâteau, c'est pas donné**

▶ Les épreuves du bac cette année, c'est pas du gâteau !

Vertrag: **il y a un hic**

Getränk: **être d'enfer**

▶ Ses cocktails maison sont d'enfer !

Irren • Irren ist menschlich. (prov)

L'erreur est humaine. (prov)

ja • ein Ja-Sager sein

être un béni-oui-oui

▶ Mon nouveau collègue n'est pas mieux que l'ancien. C'est un vrai béni-oui-oui.

Jammerlappen • ein Jammerlappen sein

être une chiffe (fam), être un mollasson, être une nouille, être un mou

▶ Il est beau, il est grand mais c'est un vrai mollasson. Dès que les choses ne vont pas comme il le souhaite, il se plaint.

jeder • jeder gegen jeden

la loi de la jungle

Jubeljahr • alle Jubeljahre (einmal)

tous les 36 du mois

▶ Moi, mes fenêtres je les nettoie tous les 36 du mois.

jwd

au bout du monde

▶ Il habite loin d'ici, dans un petit village quelque part au bout du monde.

18 ### Kacke • Die Kacke ist am Dampfen.

Ça va chier dur. (arg) / Ça va barder. (fam) / Ça va chauffer. (fam)

▶ Quand il a vu Fred arriver avec sa bande, il a su que ça allait chier dur.

Kaff

bled paumé (fam), petit bled (fam)

▶ Il est difficile pour les adolescents de vivre dans ces petits bleds. Il n'y a ni disco ni café. Les soirs d'été, on les voit souvent trainer sur la place du village.

Kaffee • Das ist doch kalter Kaffee!

C'est du réchauffé !

▶ Laisse-moi tranquille avec cette histoire, c'est du réchauffé. Ça n'intéresse personne.

Kaiser • Der / Er kommt sich vor wie der Kaiser von China.

Il se croit sorti de la cuisse de Jupiter.

▶ Il se croit sorti de la cuisse de Jupiter depuis qu'il a épousé la plus belle fille du village.

Kamm • nicht alles über einen Kamm scheren

ne pas tout mettre dans le même sac

▶ Ce ne serait pas correct de tout mettre dans le même sac. Il est important d'analyser chaque demande.

Kappe • neben der Kappe sein

être à côté de la plaque (fam), être à côté de ses chaussures (fam), être à côté de ses pompes (fam)

▶ Aujourd'hui je suis à côté de mes pompes, je ne sais même pas quel jour on est.

Karte • alles auf eine Karte setzen

mettre tous ses œufs dans un même panier, risquer le paquet (fam), risquer le tout

▶ Lors de sa dernière sortie au casino, il n'a pas voulu perdre la face devant ses amis. Il a risqué le paquet et a tout perdu.

Karten • sich nicht in die Karten schauen lassen

ne pas se laisser regarder dans son jeu

▶ Tout ce que nous savons, c'est qu'il négocie avec différents partenaires. Il ne se laisse pas regarder dans son jeu et nous n'en saurons plus que lorsqu'il aura atteint son objectif.

Kartoffel • jmd wie eine heiße Kartoffel fallen lassen

laisser tomber qn. comme une vieille chaussette (fam)

▶ Quand elle a su que je n'étais qu'un simple ouvrier, elle m'a laissé tomber comme une vieille chaussette.

Kater • einen Kater haben

avoir une casquette plombée (fam)

▶ Je ne sais plus ce que j'ai fêté ni ce que j'ai bu hier mais ce matin j'avais une casquette bien plombée.

Katze • Die Katze lässt das Mausen nicht. (prov)

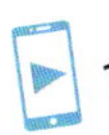 19

Qui a bu, boira. (prov)

Katze • für die Katz

inutile, pour rien, pour des prunes

▶ J'ai fait tout ce travail pour des prunes !

Katze • wie die Katze um den heißen Brei herumschleichen

tourner autour du pot

▶ Cesse de tourner autour du pot et dis-moi ce que tu veux de moi !

Kauz • ein komischer Kauz sein

être un drôle de coco

▶ Notre nouveau professeur de latin est un drôle de coco. Il porte toujours des chaussures rouges et un petit bonnet jaune.

Kind • mit Kind und Kegel

avec toute la smalah, avec armes et bagages

▶ Je suis toujours heureuse de revoir mon frère Pierre. Mais quand il vient avec toute la smalah, ça me rend malade. Il y a une femme, quatre enfants et deux chiens.

Klatsch • Klatsch und Tratsch

ragots et potins, des racontars, des commérages

▶ J'ai horreur de ces rencontres de femmes où l'on ne parle que ragots et potins.

kleinlaut • kleinlaut werden

être dans ses petits souliers

▶ Benoit ne savait pas qu'il draguait la femme de son patron lors du cocktail de fin d'année. Mais croyez-moi qu'il était dans ses petits souliers lorsqu'elle lui a dit qui elle était.

Klugscheißer • ein Klugscheißer sein

se croire plus savant qu'un autre,
être un Monsieur je-sais-tout

▶ Arrête de me chauffer les oreilles, je ne suis pas d'humeur à discuter et surtout pas avec un Monsieur je-sais-tout.

Knacker • ein alter Knacker

un vieux schnock

▶ Quand je serai un vieux schnock, je prendrai la liberté que l'on accorde à l'âge.

Kohldampf • Kohldampf haben / schieben

avoir une faim de loup

▶ Quand les enfants rentrent de la plage, ils ont toujours une faim de loup.

Kopf • den Kopf in den Sand stecken

20

faire l'autruche, pratiquer la politique de l'autruche

▶ Ça ne sert à rien de faire l'autruche, tôt ou tard il faudra voir les choses comme elles sont.

Kopf • Jmd ist etwas zu Kopf gestiegen.

choper la grosse tête (fam), attraper la grosse tête

▶ Depuis qu'il a été promu directeur commercial, il a chopé la grosse tête.

Kopf • seinen Kopf durchsetzen (wollen)

foncer tête baissée

▶ Il fonce toujours tête baissée, pourtant il s'est souvent fait mal.

Kopf • sich den Kopf zerbrechen

se creuser la cervelle (fam)

▶ Ça ne sert à rien de te creuser la cervelle. Tu ne résoudras jamais ce problème.

Köpfchen • Köpfchen haben

avoir de la jugeotte

▶ Cette gamine m'étonne souvent par ses questions et ses réflexions. Elle a beaucoup de jugeotte pour son âge.

Kosten • auf seine Kosten kommen

en avoir pour son argent

▶ Le spectacle était vraiment extraordinaire, nous en avons eu pour notre argent.

kotzen • kotzen wie ein Reiher

vomir tripes et boyaux (fam)

▶ Il a eu le mal de mer et a vomi tripes et boyaux.

kriechen • vor jmd kriechen

s'aplatir comme une carpette

▶ Albert s'est aplati comme une carpette devant le fils du Directeur Général. Ça fait vraiment lèche-botte !

Kuh • wie die Kuh vorm neuen Tor stehen

comme une poule qui a trouvé un couteau

▶ Notre prof de maths a perdu ses lunettes. Il ne voit quasiment rien et nous regarde comme une poule qui a trouvé un couteau.

Kunst • mit seiner Kunst am Ende sein

perdre son latin

▶ J'ai fait tout ce que j'ai pu. J'y perds mon latin, j'abandonne.

kurz • ganz kurz

en deux mots, rapidement

▶ Laisse-moi te raconter en deux mots ce qui s'est passé.

kürzer • den Kürzeren ziehen

ne pas avoir le dessus, ne pas s'en tirer à son avantage

▶ Contre un pareil candidat, je n'aurais jamais le dessus.

21

lachen • sich krumm und bucklig lachen

rire comme un bossu, c'est à se taper le cul par terre (fam), se pâmer

▶ Il est le seul à avoir ri comme un bossu toute la soirée !

Lachkrampf • einen Lachkrampf haben

avoir le fou rire

▶ Gamine, quand je voyais mon oncle arriver, je ne voyais que son grand nez. J'avais chaque fois le fou rire qui me prenait et qui ne me lâchait plus.

Lampenfieber • Lampenfieber haben

avoir le trac

▶ Il est rare d'entendre un acteur dire qu'il n'a jamais le trac avant de monter sur scène.

Landei

un campagnard, un villageois

▶ Les gens de la ville ont parfois une image obsolète des campagnards.

lang • es nicht mehr lange machen

ne plus faire long feu

▶ Je crois que Véronique ne va pas faire long feu dans notre entreprise. Notre directeur a horreur des petits prétentieuses comme elle.

Laufpass • jmd den Laufpass geben

envoyer qn. balader (fam)

▶ Quand il a appris qu'elle avait passé la nuit chez un autre, il l'a envoyée balader.

Leben • jmd das Leben schwer / sauer machen

mener la vie dure à qn., en faire voir de toutes les couleurs à qn. (fam), en faire voir des vertes et des pas mures à qn. (fam)

▶ Cet enfant est trop gâté, il m'en fait voir de toutes les couleurs.

Leben • wie das blühende Leben aussehen

être frais comme une rose

▶ Je me demande comment elle fait. Elle boit, elle fume, elle sort presque tous les soirs, et le matin, elle est toujours fraiche comme une rose.

Leberwurst • die beleidigte Leberwurst spielen

bouder, faire la tête, rechigner

▶ Quand on ne cède pas à ses caprices, il est capable de faire la tête et de bouder pendant des heures.

leicht • Das ist leichter gesagt als getan.

Les conseilleurs ne sont pas les payeurs.

Leier • Es ist immer dieselbe alte Leier!

C'est toujours le même refrain ! / la même rengaine !

 22

Leim • aus dem Leim gehen

déglinguer

▶ Mon vélo est complètement déglingué, il n'a plus qu'une seule pédale et les freins ne fonctionnent plus. Il va falloir que j'en achète un nouveau.

Leim • jmd auf den Leim gehen

tomber dans le panneau (fam), tomber dans le piège, se faire avoir

▶ Je savais qu'il n'était pas très honnête et je suis quand même tombée dans le piège.

Leitung • auf der Leitung stehen

être dur à la détente

▶ Il y a des moments où il est vraiment dur à la détente et ne comprend rien.

Leseratte • eine Leseratte sein

être un rat de bibliothèque

▶ Tout petit déjà on ne le voyait jamais sans un livre dans les mains, aujourd'hui c'est un vrai rat de bibliothèque.

Licht • sich ins rechte Licht setzen

se montrer sous son meilleur jour

▶ Lorsque Pierre était venu demander la main de notre fille, il nous avait beaucoup impressionné. Aujourd'hui nous savons qu'il s'était montré sous son meilleur jour.

Liebe • Liebe auf den ersten Blick

le coup de foudre

▶ Quand leurs regards se sont croisés, il y a 30 ans, ça a été le coup de foudre. Plus rien ne les a séparés depuis.

Liebling

la coqueluche

▶ Le nouveau boulanger est la coqueluche du village. Les femmes en sont folles.

links • etwas mit links machen

faire qc. les deux doigts dans le nez (fam), réussir qc. très facilement

▶ Paul n'a pas beaucoup travaillé et pourtant il a réussi ses examens les deux doigts dans le nez.

Loch • saufen wie ein Loch

boire comme un trou (fam)

▶ Depuis qu'il a perdu son travail, il boit comme un trou. C'est désolant !

Luft • seinen Gefühlen Luft machen

se soulager, vider son sac (fam)

▶ Il a crié un bon coup et il a vidé son sac. Après nous sommes allés manger.

Luft • von Luft und Liebe leben

vivre d'amour et d'eau fraiche

▶ Depuis qu'elle est amoureuse, elle ne mange presque plus. On dirait qu'elle vit d'amour et d'eau fraiche.

 23

Mädchen • Mädchen für alles sein

une bonne à tout faire, une bonniche (fam)

▶ Il me prenait pour sa bonne à tout faire, alors moi je l'ai quitté.

Made • wie die Made im Speck leben

vivre comme un coq en pâte

▶ Il vit comme un coq en pâte depuis qu'il est revenu s'installer chez ses parents.

Magen • der Magen knurrt

avoir un creux

▶ Vers onze heures du soir, j'ai toujours un creux. Quand je ne suis pas trop fatiguée, je me lève et je me fais un petit repas vite fait.

Mann • etwas an den Mann bringen

trouver acheteur pour placer sa marchandise

▶ Il finit toujours par trouver acheteur pour placer sa marchandise.

Maul • jmd das Maul / den Mund stopfen

rabattre le claquet à qn., clouer le bec à qn.

▶ Il a enfin osé rabattre le claquet à son voisin.

maulfaul • maulfaul sein

ne pas ouvrir le bec (fam), être taciturne

▶ Avec l'âge, il est devenu de plus en plus taciturne.

Menschenseele • keine Menschenseele

pas âme qui vive, pas un chien

▶ La semaine dernière, les commerçants ont fait la grève, il n'y avait pas un chien en ville.

mies • ein mieser Typ

un affreux jojo

▶ Paul, le mari de Thérèse, est vraiment un affreux jojo. Elle ne l'a pas mérité.

Moment • Moment mal!

Minute papillon !

Mücke • aus einer Mücke einen Elefanten machen

en faire tout un plat, faire une montagne de tout

▶ Chaque fois que j'oublie de me brosser les dents, ma mère en fait tout un plat.

Mücke • die Mücke machen

prendre la poudre d'escampette

▶ Quand son masque est tombé, il a vite pris la poudre d'escampette.

Muffensausen • Muffensausen haben

avoir les boules, avoir les pétoches, avoir les chocottes

▶ J'ai les boules quand je pense à mon examen de français.

Mund • den Mund verziehen

faire la bouche de poule (fam)

▶ Madame a fait la bouche de poule en apprenant qu'ils étaient invités au restaurant du coin.

Mund • Mund und Nase aufsperren

rester bouche-bée, être sidéré

▶ Quand ils ont vu ma nouvelle voiture, ils sont restés bouche-bée.

Nacht • hässlich wie die Nacht sein

être d'une laideur à faire peur (fam), être laid comme un pou (fam)

▶ Cette femme est d'une laideur à faire peur.

Nacht • sich die Nacht um die Ohren schlagen

passer la nuit debout, faire de la nuit le jour, passer une nuit blanche

▶ Il a passé toute la nuit debout à attendre que le téléphone sonne.

Nachtigall • Nachtigall ick hör dir trapsen!

Je le vois venir avec ses gros sabots !

▶ Alors toi, reste où tu es. Je sais ce que tu veux, je te vois venir avec tes gros sabots !

Narren • einen Narren an jmd gefressen haben

avoir qn. dans la peau (fam), s'enticher de qn.

▶ Je ne peux pas l'expliquer, il n'y a rien à faire, j'aime cette homme, je l'ai dans la peau et je crois que je vais le garder longtemps.

Nase • die Nase rümpfen

faire la fine bouche, faire la gueule (arg)

▶ Rien ne lui va à Madame ! Elle fait toujours la fine bouche.

Nase • jmd auf der Nase herumtanzen

marcher sur les pieds de qn.

▶ Petit Luc a vite compris qu'il pouvait faire ce qu'il voulait avec sa nourrice. Il lui marche sur les pieds et n'en fait qu'à sa tête. Elle lui cède à tout.

Nase • seine Nase in alles stecken

fourrer son nez partout, se mêler de tout

▶ Occupe-toi de tes affaires, tu n'as pas à fourrer ton nez partout !

Nase • sich eine goldene Nase verdienen

se faire des couilles en or (arg)

▶ Avec son commerce de jouets électroniques, il s'est fait des couilles en or en peu de temps.

Nervenbündel

un paquet de nerfs

▶ Il est toujours en action, on ne le voit jamais assis tranquille. C'est un vrai paquet de nerfs.

 25

Nervensäge • eine Nervensäge sein

être une plaie (fam), ne pas être un cadeau

▶ Ma belle-sœur est un cauchemar. C'est une vraie plaie. Je ne comprends toujours pas comment mon frère a pu s'enticher d'une fille pareille.

nichts • nach nichts aussehen

n'avoir l'air de rien

▶ Elle n'a peut-être l'air de rien mais croyez-moi, cette femme est impitoyable. Elle a sauvé deux entreprises de la faillite au cours des trois dernières années.

Nichtsnutz

un bon à rien, un vaurien

▶ C'est un bon à rien. Il arrive toujours en retard au travail et ne fait jamais ce qu'on lui demande.

Nickerchen • ein Nickerchen machen

piquer un petit roupillon (fam), faire un petit somme

▶ Moi, ma recette beauté c'est faire un petit somme après le repas.

niemand • so gut wie niemand

trois pelés et un tondu (fam)

▶ À la réunion des parents, il y avait juste trois pelés et un tondu. Les enseignants n'avaient pas l'air trop déçu, je crois qu'ils en ont l'habitude.

Niete • eine Niete sein

être un gros nul, être un zéro

▶ Ce type est vraiment un gros nul. Il est malhonnête, fainéant, il n'a ni caractère ni respect et en plus, il est laid comme un pou !

Nimmerleinstag • am Sankt Nimmerleinstag

semaine des quatre jeudis, à la Saint-Glinglin

▶ Tu peux toujours attendre la Saint-Glinglin. Moi, je ne t'achèterai pas ce jeu inutile et violent.

Nu • im Nu

en deux temps, trois mouvements / en moins de deux / en moins de rien / en un clin d'œil

▶ J'admire cet homme, il vous construit une maison en deux temps, trois mouvements.

O-Beine

26 O-Beine • O-Beine haben

être né sur une barrique

▸ Cette gamine est belle comme un cœur mais ses jambes ... On dirait qu'elle est née sur une barrique.

oben • Mir steht es bis oben!

J'en ai ras le bol ! / J'en ai marre ! / J'en ai assez !

▸ J'en ai ras le bol de tes caprices. Je ne veux plus rien entendre.

oben • sich nach oben schlafen

promotion canapé

▸ Elle est bête comme ses pieds, elle n'a pu faire carrière que par la promotion canapé. C'est pas possible autrement !

Ochse • wie der Ochs' vorm Scheunentor stehen

comme une poule qui a trouvé un couteau

▸ Elle est restée devant moi l'air tout bête, on aurait dit une poule qui avait trouvé un couteau !

offen • ein offenes Geheimnis

un secret de polichinelle

▶ Le maire de la ville a une liaison avec la boulangère. Tout le monde le sait. C'est un secret de polichinelle.

Ohr • auf diesem Ohr taub sein

être sourd de cette oreille, ne pas l'entendre de cette oreille

▶ Pas de sortie aujourd'hui. Après ta dernière note de mathématiques, je suis sourde de cette oreille.

Ohr • noch grün hinter den Ohren sein

avoir encore du lait au bout du nez, être un blanc-bec

▶ Notre nouveau directeur de service est un blanc-bec, un jeune homme sans expérience mais très sûr de lui.

Ohren • auf offene Ohren stoßen

ne pas tomber dans l'oreille d'un sourd

▶ Ton offre n'est pas tombée dans l'oreille d'un sourd !

Ohren • die Ohren spitzen

dresser l'oreille, prêter l'oreille

▶ Lorsqu'elle s'est aperçue que l'on parlait d'elle, elle a vite prêté l'oreille.

Ohren • jmd mit etwas in den Ohren liegen

tenir la jambe à qn. (fam)

▶ Ça fait au moins deux mois que Robert me tient la jambe pour que je l'accompagne en vacances. Je crois que je vais finir par céder.

Ohren • viel um die Ohren haben

avoir du boulot sur la planche, être débordé par le travail

▶ Je ne pourrai pas vous accompagner au cinéma, je suis débordé par le travail.

27 **Päckchen • sein Päckchen zu tragen haben**

chacun porte sa croix, chacun porte son fardeau

▶ Cesse de te plaindre pour un rien, on a tous notre croix à porter !

Pardon • kein Pardon (kennen)

ne pas faire de quartier, ne pas faire de grâce, pas de pardon

▶ Lors de la dernière réunion, le chef n'a pas fait de quartier, il n'a épargné personne.

passen • Das könnte dir so passen!

Et ta sœur !

Pauke • auf die Pauke hauen

feiern: **faire la bamboula, faire la bombe, faire la bringue, faire la fête**

▶ Elle fait la bringue tous les weekends. Le lundi matin elle a toujours l'air d'un cadavre ambulant.

angeben: **crâner, se donner des grands airs, faire le fanfaron**

▶ Il n'a acheté cette voiture que pour crâner !

Pech!

Manque de bol ! (arg) / Pas de chance ! / Quelle déveine !

▶ Quand il s'est enfin décidé aller au cinéma, manque de bol, il n'y avait plus de places !

Pech • wie Pech und Schwefel zusammenhalten

s'entendre comme larrons en foire

▶ Ces deux frères font les 400 coups ensemble. Ils s'entendent comme larrons en foire.

Pechvogel • ein Pechvogel sein

être un malchanceux, être un oiseau de malheur

▶ Quand il commence quelque chose, ça tourne toujours très vite au désastre. C'est un vrai oiseau de malheur.

Perle • Da wird dir keine Perle aus der Krone fallen!

Ça ne te cassera pas une jambe ! / Ça ne te tuera pas !

▶ Aide ta sœur à faire la vaisselle, ça ne te tuera pas !

Perle • Perlen vor die Säue werfen

jeter des perles aux pourceaux

▶ Offrir ce tableau à cet idiot, c'est comme jeter des perles aux pourceaux. Il ne saura jamais l'apprécier à sa juste valeur.

Pfau • eitel wie ein Pfau sein

être fier comme Artaban, être fier comme un paon

▶ C'est lui qui nous a accueilli, droit dans son nouvel uniforme et fier comme Artaban.

28 **Pfeffer • gepfefferte Preise**

hors de prix

▶ Je ne vais jamais dans ce magasin, tout y est hors de prix.

Pfeffer • hingehen / bleiben, wo der Pfeffer wächst

envoyer balader qn. (fam), envoyer qn. au diable, envoyer chier qn. (vulg)

▶ Quand il m'a dit qu'il préférait aller jouer au foot avec ses amis plutôt que de venir avec moi au cinéma, je l'ai envoyé balader.

Pferd • das beste Pferd im Stall sein

être le meilleur ...

▶ Il l'a mis à la porte alors qu'il était son meilleur ouvrier.

Pferd • wie ein Pferd schuften

travailler comme un forçat, travailler comme un cheval

▶ Il travaille toujours comme un forçat. Il est infatigable.

Piep • keinen Piep sagen

ne pas dire un mot, ne pas ouvrir le bec, ne pas piper mot

▶ Quand sa mère l'a surpris en train de fumer, il n'a pas dit un mot. Il est tout de suite allé dans sa chambre.

platt • platt sein (= verblüfft sein)

être baba, être ébahi, être époustouflé

▶ J'ai été baba en apprenant qu'il allait épouser une vedette de cinéma.

Posten • (nicht) auf dem Posten sein

(ne pas) être d'attaque, (ne pas) être dans son assiette, (ne pas) se sentir bien

▶ Je ne sais pas ce qu'il a, il ne se sent pas bien. Il est souvent fatigué et n'a plus très envie de sortir.

Posten • auf verlorenem Posten stehen

défendre une position perdue, lutter en vain

▶ Il savait qu'il défendait une position perdue mais son amour du prochain lui interdisait d'abandonner.

Preis • um jeden Preis

à tout prix, coute que coute

▶ Je veux à tout prix assister à un de ses spectacles.

pudelnackt

nu comme un ver

▶ Quand il m'a ouvert la porte, il était nu comme un ver.

pudelnass

trempé comme un canard, trempé jusqu'aux os, trempé comme une soupe

▶ Il m'a dit qu'il venait juste de se déshabiller, car il était rentré trempé comme un canard.

29 **Quadratlatschen**

des grandes pattes, des gros panards (arg)

▶ Il m'a encore marché sur les pieds avec ses gros panards.

Quasselstrippe

bavard

▶ Ma voisine est très gentille, mais je l'évite car elle est très bavarde.

Querkopf

tête de cochon, tête de lard, tête de mule

▶ Cet homme est difficile à satisfaire, c'est une vraie tête de cochon !

quietschvergnügt

être gai comme un pinson

▶ Depuis que son mari l'a quittée, on la voit toujours gaie comme un pinson.

30

Radieschen • die Radieschen von unten angucken

bouffer les pissenlits par la racine (arg)

▶ Voilà deux ans qu'il est sous terre et bouffe les pissenlits par la racine.

Rahm • den Rahm abschöpfen

faire son beurre (fam), se graisser les pattes (fam)

▶ Quand il tenait encore son commerce, il s'est bien fait son beurre en trompant sa clientèle.

Ramsch • Das ist Ramsch.

C'est du toc.

▶ Ces bijoux n'ont aucune valeur, c'est du toc.

Ränke • Ränke schmieden

tisser sa toile

▶ Il a patiemment tissé sa toile pour obtenir ce poste de ministre.

rasten • Wer rastet, der rostet. (prov)

Le travail c'est la santé.

▶ Il a travaillé toute sa vie et a vécu presque 100 ans. Il faut croire que le travail c'est la santé.

Ratz • schlafen wie ein Ratz

dormir comme une marmotte, dormir comme un loir, dormir comme une souche

▶ Il s'est couché tôt, il s'est levé tard, il a dormi comme un loir.

Raufbold

bagarreur, brute, ferrailleur (fam)

▶ Cet homme s'est battu contre six personnes. Il n'a peur de rien. C'est un vrai bagarreur.

Rechnung • eine alte Rechnung begleichen

régler un compte avec qn. (fam)

▶ J'ai encore un compte à régler avec cet homme. C'est un menteur et un voleur.

Rechnung • die Rechnung ohne den Wirt machen

se tromper dans son calcul

▶ J'avais compté la trouver seule en allant chez elle. Mais c'est son père qui m'a ouvert la porte. Il était rentré plus tôt que prévu. Je m'étais trompé dans mes calculs.

recht • Alles was recht ist!

Ça va trop loin !

▶ Non, je suis prête à faire beaucoup de choses pour y arriver mais là, ça va vraiment trop loin !

Rede • langer Rede kurzer Sinn

bref, en résumé, en deux mots

▶ Permettez-moi de vous dire que nous sommes tous très satisfaits de votre travail et d'exprimer notre plus grande considération pour les qualités personnelles qui sont les vôtres – bref : j'ai le plaisir de vous promouvoir directeur commercial de notre filiale à Los Angeles.

Redner • kein großer Redner sein

ne pas être un grand parleur, ne pas être très éloquent

▶ Il n'est pas un grand parleur, il a remercié ses parents, sa femme et son réalisateur. Il a salué le public et a quitté la salle sous les applaudissements.

31 Regen • ein warmer Regen

une aubaine, une bonne occasion

▶ J'ai une petite rentrée d'argent inattendue, je vais profiter de l'aubaine et aller en ville faire du shopping !

Regen • vom Regen in die Traufe kommen

changer son cheval borgne contre un aveugle, se jeter à l'eau par peur de la pluie

▶ En quittant son mari pour aller vivre avec son nouvel amour, elle a changé son cheval borgne contre un aveugle.

reif • reif fürs Irrenhaus

être fou à lier

▶ Mon voisin est fou à lier. Il court tout nu dans son jardin et ça tous les weekends !

Reihe • Die Reihen lichten sich.

Les rangs s'éclaircissent.

▶ En dernière année d'études les rangs se sont encore éclaircis, et nous ne sommes plus qu'une quinzaine.

Reihe • der Reihe nach

chacun son tour

▶ Excusez-moi, c'est à moi de jouer maintenant, c'est chacun son tour.

reinkriechen • jmd hinten reinkriechen

faire de la lèche (arg), lécher le cul à qn. (vulg), lécher les bottes à qn. (arg)

▶ Pour en arriver là, il a léché les bottes à toute une escouade de ministres.

reinlegen • jmd reinlegen

berner qn., couillonner qn. (arg), duper qn.

▶ Ce commerçant m'a couillonné une fois mais pas deux !

Remmidemmi • Remmidemmi machen

faire un boucan d'enfer (arg), faire un tapage (fam), faire du vacarme (fam)

▶ Nos voisins sont rentrés tard dans la nuit et ont fait un beau tapage.

retten • nicht mehr zu retten sein

avoir la tête fêlée (arg), perdre la boule (arg), perdre la tête (fam), ne plus avoir tous ses esprits

▶ Ils disent tous que j'ai perdu la tête parce que je suis tombée folle amoureuse d'un homme 15 ans plus jeune que moi.

riechen • jmd nicht riechen können

ne pas pouvoir encadrer qn. (fam), ne pas blairer qn. (arg)

▶ Cette personne m'exaspère, je ne peux pas l'encadrer !

Riemen • den Riemen enger schnallen

serrer la ceinture d'un cran, se mettre la ceinture

▶ Ce mois-ci, j'ai payé l'assurance de la voiture, il va falloir serrer la ceinture d'un cran.

Rindvieh

une andouille (arg), un crétin (fam), un enfoiré (fam), un imbécile (fam), un pauvre abruti (arg), un petit con (arg), une tête de con (arg)

▶ Il n'a pas seulement l'air d'un petit con, il en est un.

32 Rippen • nichts auf den Rippen haben

c'est un sac d'os, n'avoir que la peau sur les os

▶ Depuis qu'elle suit ce régime, elle n'a plus que la peau sur les os !

Röhre • in die Röhre gucken

faire tintin

▶ Il est arrivé trop tard au repas d'anniversaire, on avait fini le gâteau et il a fait tintin.

Rohrspatz • schimpfen wie ein Rohrspatz

jurer comme un charretier

▶ Le concierge jure toujours comme un charretier quand il voit des jeunes jeter leurs mégots devant l'immeuble.

Rosinen • Rosinen im Kopf haben

vouloir péter plus haut que son cul (arg)

▶ Il a voulu péter plus haut que son cul en s'achetant une villa dans ce quartier bourgeois. Maintenant il a du mal à rembourser son crédit et il a déjà revendu deux voitures.

Ross • auf dem hohen Ross sitzen

être arrogant, être prétentieux

▶ Le mari de notre chef est désagréable et prétentieux. Je ne le supporte pas !

Rostlaube

une vieille guimbarde (fam), un vieux clou (fam), un vieux tacot

▶ Il a voulu partir en Italie en voiture mais à la sortie du village son vieux tacot a rendu l'âme.

Rotz • Rotz und Wasser heulen

pleurer comme une madeleine (fam)

▶ Elle a pleuré comme une madeleine tout le long du film.

ruck • Das geht ruck, zuck!

C'est vite fait ! / En cinq sec ! / En deux temps et trois mouvements !

▶ Quand je l'ai menacé de le priver de son portable, il a fait ses devoirs en cinq sec !

Ruhe • die Ruhe selbst sein

être tranquille comme Baptiste

▶ Même dans les périodes difficiles, rien ne le stresse. Il est tranquille comme Baptiste.

Ruhe • jmd in Ruhe lassen

laisser qn. tranquille, foutre la paix à qn. (arg), lâcher les baskets de qn. (arg)

▶ Je lui ai dit de me laisser travailler seul et de me foutre la paix.

Ruhe • sich zur Ruhe setzen

se retirer des affaires

▶ À 75 ans, il n'envisage toujours pas de se retirer des affaires.

Runden • über die Runden kommen

joindre les deux bouts

▶ Elle ne sait pas gérer son argent, et malgré un revenu relativement élevé, elle a toujours du mal à joindre les deux bouts.

Sache • in eigener Sache reden

prêcher pour sa paroisse

▶ Le maire ne fait que prêcher pour sa paroisse quand il plaide pour la construction d'une nouvelle école. En effet, le terrain de construction appartient à sa sœur.

Sache • nicht bei der Sache sein

ne pas avoir le cœur à l'ouvrage

▶ Depuis que son chien est mort, elle n'a plus le cœur à l'ouvrage quand elle est au bureau. Elle est triste, elle pleure souvent.

Sack • jmd in den Sack stecken

mettre qn. dans sa poche, ne faire qu'une bouchée de qn.

▶ Cet employé met même le chef dans sa poche.

Saft • ohne Saft und Kraft

sans force ni énergie

Tranfunzel: **un mollasson**

▶ Son mollasson de fils pouvait rester des heures sans rien faire.

sagen • wie man so schön sagt

comme dit l'autre ...

Saite • andere Saiten aufziehen

serrer la vis à qn.

▶ Il va falloir que le professeur serre la vis à certains de ses élèves dont le comportement perturbe le déroulement du cours.

Salon • nicht salonfähig sein

ne pas être présentable, ne pas être sortable

▶ Tu manges comme un cochon, tu n'es vraiment pas présentable.

Sand • jmd Sand in die Augen streuen

jeter de la poudre aux yeux de qn. (fam)

▸ Notre conseiller en fonds d'investissement nous a jeté de la poudre aux yeux. Nous avons perdu toutes nos économies et lui, il s'en est sorti indemme.

sang- und klanglos

sans tambour ni trompette

▸ Il a quitté la scène politique sans tambour ni trompette.

sauer • sauer sein

être de mauvais poil, être en colère, être vexé

▸ J'ai tout de suite vu qu'elle était de mauvais poil et qu'il valait mieux ne pas lui parler des mauvaises notes de Pierre.

Saus • in Saus und Braus leben

mener la grande vie, mener la vie de château

▸ Il n'a jamais mené la vie de château et Dieu sait qu'il aurait pu se le permettre !

34 saukalt

un froid de canard (fam)

▸ Hier, je ne suis pas sorti, il faisait un froid de canard.

Sauwetter

temps de chien (fam), temps de cochon (fam)

▸ Par ce temps de chien, on ne voit personne dehors.

Schachtel • eine alte Schachtel

une vieille carcasse (vulg), une vieille peau (vulg), une vieille toupie (fam)

▸ Notre professeur de musique était une vieille toupie moche et méchante.

Schale • sich in Schale werfen

se mettre sur son 31

▶ Quand il sort le soir, il se met toujours sur son 31.

Schaumschläger

un épateur, un esbroufeur (fam)

▶ Le mari de ma meilleure amie n'est qu'un épateur.

Scheinheiliger • ein Scheinheiliger

un cul-béni

▶ Il cache sa vraie nature sous des airs de cul-béni.

scheißfreundlich

être tout sucre, tout miel

▶ Je ne vais plus chez le boucher du coin, il est toujours tout sucre, tout miel avec ses clientes.

Scherereien • Scherereien machen

chercher des noises (fam)

▶ Quand il a bu, il cherche des noises à tout le monde.

Schickimicki

bon chic, bon genre; BCBG

▶ Cet endroit bon chic, bon genre et assez « select » vaut la peine qu'on y fasse un détour.

▶ Mon ami Charles fait très BCBG. Il ne boit jamais son espresso, il le déguste !

schießen • Es ist zum Schießen.

C'est à se rouler par terre.

▶ Quand il nous raconte ses histoires de femmes, c'est à se rouler par terre.

Schiss • Schiss haben

avoir les chocottes (arg), avoir les jetons (arg), avoir les pépettes (arg), avoir la trouille (fam)

▶ Pour rentrer plus vite, nous avons traversé le parc mais crois-moi, nous avions les jetons.

35 Schlaf • etwas im Schlaf können

faire qc. les deux doigts dans le nez (fam), faire qc. les yeux fermés

▶ Il est chauffeur routier depuis 25 ans, et maintenant il fait la route les yeux fermés.

schlagen • Schlag ein!

Tope-là !

Schlamassel • Das ist vielleicht ein Schlamassel.

Quelle poisse ! (fam) / Quelle merde ! (vulg)

schlechtgelaunt • schlechtgelaunt sein

être mal brossé (fam), être mal luné (fam), être de mauvaise humeur

▶ À son regard sombre, j'ai tout de suite reconnu qu'il était mal luné.

Schlot • rauchen wie ein Schlot

fumer comme un turc (fam), fumer comme un sapeur (fam), fumer comme une locomotive

▶ Il ne va pas vivre longtemps s'il continue à fumer comme un sapeur.

Schluckspecht • ein Schluckspecht

un ivrogne, un poivrot (arg), un soulard (fam), une véritable éponge (fam)

▶ Depuis qu'il a perdu son travail, Marcel est devenu un véritable poivrot !

schmieren • wie geschmiert laufen

aller comme sur des roulettes (fam), aller tout seul (fam)

▶ Au début, j'ai eu beaucoup de mal à faire ce travail, maintenant ça va tout seul.

schnuppe • Das ist mir schnuppe!

Je m'en fous ! (fam) / Je n'en ai rien à glander ! (arg) / Je m'en tape le cul ! (vulg)

Schule • aus der Schule plaudern

vendre la mèche

▶ Il n'a pas su tenir sa langue et a vendu la mèche avant que son père n'ouvre son cadeau.

schwarz • Da kannst du warten, bis du schwarz wirst!

Tu peux attendre jusqu'à la Saint-Glinglin ! (fam)

schwarz • ins Schwarze treffen

mettre dans le mille, faire mouche (fam)

▶ Quand elle lui a dit ce qu'elle pensait de lui, il a rougi. Ses paroles ont fait mouche.

Senf • seinen Senf dazugeben

mettre son grain de sel, ramener sa fraise (arg), la ramener (fam)

▶ Il faut toujours qu'il mette son grain de sel partout, même dans ce qui ne le regarde pas.

Siebensachen • seine Siebensachen packen

 36

prendre ses cliques et ses claques (fam)

▶ Il a pris ses cliques et ses claques et il a quitté la maison. Cette fois, je crois qu'il est parti pour toujours.

Sorgen • andere Sorgen haben

avoir d'autres chats à fouetter

▶ J'ai d'autres chats à fouetter que de m'occuper des commérages du voisinage.

Späne • Wo gehobelt wird, fallen Späne. (prov)

On ne fait pas d'omelette sans casser d'œufs. (prov)

Spendierhosen • seine Spendierhosen anhaben

jouer au grand seigneur

▶ Aujourd'hui, Raymond joue au grand seigneur, il a invité tous ses copains au cinéma.

spinnefeind • einander spinnefeind sein

être à couteaux tirés avec qn.

▶ Ces deux commerçants voisins sont à couteaux tirés depuis des années, ils se livrent une lutte concurrentielle sans précédent.

Spitzbube

un coquin, un fripon, un vilain

▶ Ce coquin a volé mes cerises à mon nez et à ma barbe.

Spott • Spott und Hohn ernten

être la risée de qn., être la tête de turc des railleries

▶ Il est la risée de tout le bureau depuis que la secrétaire l'a giflé devant tous ses collègues.

Sprache • Heraus mit der Sprache!

Vide ton sac !

sprechen • Das spricht für dich.

C'est tout à ton honneur.

Sprung • jmd auf die Sprünge helfen

aider qn., mettre qn. sur la voie

▶ Dès qu'il s'apercevait que nous avions des difficultés à résoudre un problème, notre professeur de maths nous mettait sur la voie.

Spürnase • eine Spürnase für etwas haben

avoir le nez fin pour qc., avoir le nez creux pour qc.

▶ Il a le nez fin pour les affaires, il reconnait toujours les bonnes occasions et sait les saisir.

Stange • jmd bei der Stange halten

 37

retenir qn. par des promesses

▶ Il ne m'a pas encore réglé ses deux dernières factures mais il parvient toujours à me retenir par ses promesses de rentrées d'argent imminentes.

Starallüren • Starallüren haben

avoir des allures de star

▶ J'ai du mal à croire que cette superbe femme aux allures de star n'est autre que ma voisine Muriel, petite villageoise toute simple.

(Steck-)Nadel • eine (Steck-)Nadel im Heuhaufen suchen

chercher une aiguille dans une botte de foin

▶ Il savait que chercher cette fille qu'il avait entrevue lors du marathon de New York c'était comme chercher une aiguille dans une botte de foin.

stehen • Es steht ihm / ihr gar nicht gut.

Ça lui va comme un tablier à une vache.

▶ Ce pantalon lui va comme un tablier à une vache.

stellen • sich mit jmd gut stellen

être bien avec qn., être dans les petits papiers de qn., être en bons termes avec qn.

▶ Ma collègue est dans les petits papiers du chef. Elle ne travaille pas beaucoup mais elle est charmante et toujours souriante.

Stelle • auf der Stelle treten

pédaler dans la choucroute (fam), tourner en rond (fam)

▶ On voyait bien qu'il avait du mal à faire ce travail et qu'il pédalait dans la choucroute, mais il refusait catégoriquement notre aide.

Stern • für jmd die Sterne vom Himmel holen

décrocher la lune pour qn.

▶ Il décrocherait encore la lune pour cette femme qu'il aime depuis vingt ans.

Stich • jmd im Stich lassen

faire faux-bond à qn. (fam), laisser qn. en plan (fam)

▶ Hier, ma nourrice m'a fait faux-bond. Elle devait prendre mon petit Lucien mais au dernier moment, elle m'a dit qu'elle avait un rendez-vous chez le dentiste.

Stielaugen • Stielaugen machen / bekommen

faire des yeux comme des soucoupes (fam)

▶ Quand il m'a vu arriver dans ma superbe nouvelle voiture, mon voisin a fait des yeux comme des soucoupes.

stinken • nach Geld stinken

être pourri de fric (arg)

▶ Mon voisin est pourri de fric mais il est quand même resté sympa.

stinken • vor Faulheit stinken

avoir un poil dans la main, être fainéant comme un pou, être paresseux comme une couleuvre

▶ Sa mère le gâte trop, il est fainéant comme un pou.

Stinklaune

être d'une humeur de chien (fam)

▶ Il vaut mieux ne pas lui parler aujourd'hui, il est d'une humeur de chien.

stocknüchtern • stocknüchtern sein

 38

être sobre comme un chameau

▶ C'est Christophe qui conduit aujourd'hui, il n'a rien bu, il est sobre comme un chameau.

stolz • stolz wie ein Pfau sein

être fier comme Artaban

▶ Son permis de conduire en poche, il est rentré fier comme Artaban.

Störenfried

emmerdeur

▶ Je n'inviterai pas Pierre, c'est un emmerdeur.

Streit • einen Streit vom Zaun brechen

chercher des crosses à qn. (arg), chercher des noises à qn. (arg)

▶ Comme je te le disais déjà tout à l'heure, Pierre est un emmerdeur, il cherche toujours des noises à tout le monde.

Strich • auf den Strich gehen

faire le tapin, faire le trottoir

▶ Ma voisine m'a dit que, quand son mari s'était retrouvé au chômage, elle avait dû faire le tapin pendant presque deux ans.

Strich • nur ein Strich (in der Landschaft) sein

être maigre comme un clou

▶ Elle est maigre comme un clou et moche comme un pou mais elle rêve de devenir mannequin.

Strohfeuer

un feu de paille

▶ Il avait cru au grand amour mais il ne s'agissait que d'une passion éphémère, un feu de paille.

Stück • Das ist ein starkes Stück!

C'est fort ! / C'est plus fort que le roquefort !

Stuhl • zwischen zwei Stühlen sitzen

avoir le cul entre deux chaises (vulg), être assis entre deux chaises

▶ Il se laisse souvent entrainer par sa bonté et se retrouve presque aussi souvent le cul entre deux chaises.

Sündenbock

le bouc émissaire

▶ Il est le bouc émissaire du bureau. C'est toujours sur lui que retombent les fautes de ses collègues.

Süßholz • Süßholz raspeln

conter fleurette à qn.

▶ Je viens de rencontrer Marcel. Il était en train de conter fleurette à une ravissante jeune fille. Si sa femme le savait ...

Tacheles

39 **Tacheles • Tacheles reden**

parler ouvertement

▸ Il était absolument nécessaire de lui parler ouvertement de son comportement afin de pouvoir envisager la continuation de notre travail commun.

Tag • auf den Tag genau

jour pour jour

▸ Il y a dix ans, jour pour jour, que j'ai rencontré l'amour de ma vie.

Tag • den lieben, langen Tag lang

à longueur de journée

▸ Depuis qu'il est en retraite, il lit le playboy à longueur de journée.

Tag • ein schwarzer Tag

un jour noir

▸ L'explosion de la navette Columbia est un jour noir dans l'histoire de la conquête spatiale de la NASA.

Tag • Viel reden, wenn der Tag lang ist.

Cause toujours, tu m'intéresses !

Tamtam • ein großes Tamtam machen

faire un tamtam (fam)

▸ Elle a fait tout un tamtam de la naissance de son sixième enfant.

Tante • Tante-Emma-Laden

petite épicerie

▸ C'est une petite épicerie de dépannage mais on y trouve toujours du bon fromage.

Tasche • jmd auf der Tasche liegen

vivre aux crochets de qn. (fam)

▶ À quarante ans, Maurice vit encore aux crochets de ses parents.

Tasse • eine trübe Tasse sein

être un rabat-joie, être un trouble-fête

▶ On n'invitera plus jamais Jean-Paul. C'est un vrai rabat-joie.

Tattergreis

un petit vieux gâteux (fam), un vieux gaga (fam)

▶ C'est peut-être un petit vieux gâteux mais avouez qu'il est super drôle.

Tee • Abwarten und Tee trinken.

Il faut faire preuve de patience.

Teller • nicht über den eigenen Tellerrand blicken können

 40

ne pas voir plus loin que le bout de son nez

▶ La décision qu'il vient de prendre va avoir des répercussions négatives sur la motivation de son personnel, mais il ne veut pas voir plus loin que le bout de son nez.

Teufel • in Teufels Küche kommen

se mettre dans une mauvaise situation, se mettre dans de mauvais draps (fam)

▶ S'il ne change pas bientôt ses fréquentations, il va finir par se mettre dans de mauvais draps.

Teufel • jmd zum Teufel jagen

envoyer paitre qn. (arg), envoyer qn. se faire voir (fam)

▶ C'était la troisième fois en une semaine qu'il venait pour me vendre un aspirateur. Je l'ai envoyé paitre.

Teufel • Wenn man vom Teufel spricht ...
Quand on parle du loup, on voit la queue.

Theater • Theater machen
faire du tapage, faire un foin
▶ Quand Elisabeth a annoncé à son père qu'elle voulait devenir comédienne, il a fait un foin incroyable.

Tier • arbeiten wie ein Tier
travailler comme un arrachepied, travailler comme un fou
▶ Cet homme travaille comme un arrachepied pour payer les dettes de son père.

Tier • ein hohes / großes Tier sein
être un gros bonnet, être une grosse légume
▶ Fais attention de ne rien dire à propos de l'affaire Malfait. Malgré son inculpation, le patron reste une grosse légume et il pourrait te causer quelques ennuis.

Tipp • einen guten Tipp haben
avoir un bon tuyau
▶ La prochaine fois que tu as un bon tuyau comme ça, tu me le dis plus tôt !

Tisch • reinen Tisch machen
mettre les choses au clair
▶ Le mois dernier, j'ai mis les choses au clair avec mon fils. Depuis, ses résultats scolaires sont nettement meilleurs.

Tod • jmd auf den Tod nicht ausstehen / leiden können
ne pas pouvoir blairer qn. (arg), ne pas pouvoir sentir qn. (fam), ne pas pouvoir voir qn.
▶ Tous les hommes sont fous de cette fille. Moi, je ne peux pas la blairer.

Tod • sich zu Tode langweilen

se faire chier comme un rat mort (vulg), s'ennuyer à mort

▶ Je me suis fait chier comme un rat mort pendant tout le spectacle.

Tomate • rot wie eine Tomate werden

être rouge comme une pivoine, piquer un fard

▶ Dès qu'elle doit prendre la parole en réunion, elle pique un fard.

tot • sich totlachen

 41

crever de rire (fam), mourir de rire, être plié de rire

▶ Les enfants sont toujours pliés de rire quand le curé se met à chanter.

Touren • auf vollen Touren laufen

battre son plein

▶ La fête battait son plein quand je suis arrivée.

trinken • Darauf müssen wir einen trinken!

Ça s'arrose !

trinken • gern einen über den Durst trinken

aimer biberonner (fam), aimer la goutte (fam)

▶ Il aime bien la goutte mais il n'aime pas boire seul. Quand il me voit, il m'invite toujours à prendre l'apéro. L'apéro chez lui, ça se prend à toute heure.

Tropfen • ein Tropfen auf den heißen Stein

une goutte d'eau dans la mer

▶ Même si ce n'est qu'une goutte d'eau dans la mer, tout ce qu'on donne et tout ce qu'on peut faire pour aider n'est jamais en vain.

Trumpf • alle Trümpfe in der Hand halten

avoir tous les atouts en main

▶ J'ai tous les atouts en main, ils n'ont aucune chance de l'emporter.

Tube • auf die Tube drücken

appuyer sur le champignon (fam), mettre le pied au plancher

▸ Quand j'ai vu qu'il était l'heure de mon émission préférée, j'ai appuyé sur le champignon.

Tüpfelchen • das Tüpfelchen auf dem i

la cerise sur le gâteau

▸ Quand la concurrence est grande, la cerise sur le gâteau, comme par exemple : deux achetés, un gratuit, est souvent un critère de décision important pour le consommateur.

Tür • mit der Tür ins Haus fallen

ne pas y aller par quatre chemins

▸ Elle n'y est pas allée par quatre chemins. Elle a dit à son mari qu'elle le quittait pour toujours. Elle a fait ses valises et elle est partie.

Tür • offene Türen einrennen

enfoncer une porte ouverte

▸ Il a enfoncé une porte ouverte en me disant que l'on pourrait acheter un sèche-linge.

Typ • Dein Typ ist hier nicht gefragt!

On ne t'a rien demandé à toi !

übel • jmd übel mitspielen

jouer un mauvais tour à qn. (fam), vouloir du mal à qn.

▶ Ils ont joué un mauvais tour à leurs enfants en léguant toute leur richesse à un orphelinat.

überleben • Das überleb ich nicht!

Ça va m'achever !

übrig • etwas für jmd / eine Sache übrig haben

avoir un faible pour qn. / qc.

▶ Il a toujours eu un faible pour tout ce qui est beau et pour les belles femmes aussi bien sûr.

Uhr • Seine Uhr ist abgelaufen.

Son heure a sonné.

Umnachtung • in geistiger Umnachtung sein

ne plus avoir tous ses esprits, perdre la boule (arg), perdre la tête

▶ Tu avais certainement perdu la tête quand tu as invité tout ce monde pour mon anniversaire !

Umstandskrämer • ein Umstandskrämer sein

être le père des difficultés, chercher la petite bête

▶ J'ai beaucoup de mal à supporter le nouvel ami de Véronique. Il cherche toujours la petite bête et complique les choses inutilement.

ungebunden • frei und ungebunden sein

libre comme l'air

▶ Il n'a ni femme ni enfants. Il est libre comme l'air et en profite beaucoup.

Unglückszahl

chiffre porte-malheur

▶ On dit que le treize est un chiffre porte-malheur.

ungut • Nichts für ungut!
Sans rancune !

Unschuld • Er / Sie ist wie die Unschuld vom Lande.
On lui donnerait le bon Dieu sans confession.

unsterblich • unsterblich verliebt sein
être fou amoureux
▶ Il est fou amoureux de sa femme, même encore aujourd'hui, 25 ans après leur mariage.

unten • ganz unten sein
toucher le fond
▶ Il a fallu qu'il touche le fond pour enfin reconnaitre son problème et arrêter de boire.

unten • nicht mehr wissen, was unten und oben / wo hinten und vorne ist
Je ne sais plus où mettre de la tête. / Je ne sais plus où j'en suis.

unterbuttern • sich nicht unterbuttern lassen
ne pas mettre les deux pieds dans le même sabot
▶ Fabienne sait parfaitement s'organiser et ne perd pas son temps en discussions inutiles. Il faut dire qu'elle n'a pas l'habitude de mettre les deux pieds dans le même sabot.

Ursache • Keine Ursache!
Il n'y a pas de quoi !

Vater • Wie der Vater, so der Sohn. (prov)
Tel père, tel fils. (prov)

Veilchen • ein Veilchen haben
avoir un œil au beurre noir

Verachtung • jmd mit Verachtung strafen
accabler qn. de son mépris
▶ Quand ses collègues ont appris qu'il avait frappé sa femme, ils l'ont accablé publiquement de leur mépris.

verblüffen
en boucher un coin à qn. (arg)
▶ Quand je lui ai dit que j'avais réussi ce concours, je lui en ai bouché un coin !

verboten • verboten aussehen
être mal fagotté (fam)
▶ Il est arrivé en retard, il était mal rasé, mal coiffé, bref : il était terriblement mal fagotté.

verdammt • Es geht ihm verdammt gut.
Il a la frite. / Il a la pêche.
▶ Depuis qu'il suit un régime et refait du sport, il a la pêche.

verdammt • Verdammt noch mal!
Nom d'un chien ! / Nom d'une pipe !

verfallen • jmd verfallen sein
tomber sous le charme de qn.
▶ Je suis tombé sous le charme du nouveau facteur. Et maintenant, il m'arrive même de m'envoyer du courriers.

verschonen • Verschone mich damit!
J'en parlerai à mon cheval !

versetzen • jmd versetzen
poser un lapin à qn. (fam)
▸ Il m'a donné rendez-vous et n'est pas venu. C'est la première fois qu'on me pose un lapin.

Verstand • jmd um den Verstand bringen
prendre la tête à qn. (fam), rendre fou qn.
▸ Cette femme me prend la tête, elle va finir par me rendre folle !

vier • alle viere von sich strecken
s'affaler épuisé, s'étendre de tout son long

vier • auf allen vieren
à quatre pattes
▸ Quand je suis rentré dans le bureau du chef, il était en train de marcher à quatre pattes devant sa secrétaire. Il cherchait ses verres de contact.

Vogel • ein komischer Vogel sein
être un drôle de gaillard (fam), être un drôle de type (fam)
▸ C'est vraiment un drôle de gaillard notre nouveau voisin.

voll • voll bis obenhin
être plein comme une barrique (arg)
▸ Quand je suis arrivé à la fête, Marcel était déjà plein comme une barrique.

wagen • Wer wagt, gewinnt. (prov) 44

La fortune sourit aux audacieux. (prov)

wahr • so wahr ich hier stehe

aussi vrai que je m'appelle ...

▶ Je t'assure que c'est vrai, aussi vrai que je m'appelle Marie !

Wald • Wie man in den Wald hineinruft, so schallt es zurück. (prov)

Telle demande, telle réponse.

Wand • in seinen eigenen vier Wänden

entre ses quatre murs

▶ Voilà Marcel coincé entre ses quatre murs, avec deux jambes plâtrées.

warum • das Warum und Weshalb

le pourquoi du comment

▶ C'est une qualité ou un défaut de toujours vouloir savoir le pourquoi du comment ?

Wasser • jmd läuft das Wasser im Munde zusammen

avoir l'eau à la bouche, se lécher les babines (fam)

▶ À l'approche des fêtes de fin d'année, petits et grands se lèchent les babines.

Wasser • jmd nicht das Wasser reichen können

ne pas arriver à la cheville de qn. (fam)

▶ Il n'arrivera jamais à la cheville de son père.

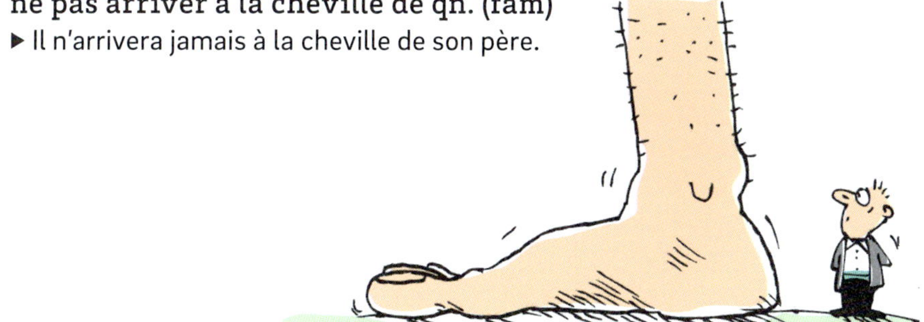

Wasser • mit allen Wassern gewaschen sein

avoir plus d'un tour dans son sac

▶ Méfie-toi, il a plus d'un tour dans son sac !

Weiberheld

coureur de jupons (fam)

▶ On ne le voit jamais seul. Il a toujours une jolie fille à ses côtés mais ce n'est jamais la même. C'est un vrai coureur de jupons.

weinen • Es ist zum Weinen.

C'est à pleurer.

Weisheit • Behalte deine Weisheiten für dich!

Mêle-toi de tes affaires !

weiter • und so weiter und so fort

et ainsi de suite / et cetera, et cetera

45 Welt • Was in aller Welt ...?

Que diable ... ?

wennschon • (na) wennschon

et alors ?

wennschon • wennschon, dennschon ...

tant qu'à faire ...

Wespentaille

taille de guêpe

▶ Sa taille de guêpe, c'est tout ce qu'elle a de bien et elle en est fière.

Wichtigtuer • ein Wichtigtuer

un m'as-tu vu (fam)

▶ Entre midi et deux, la terrasse du café est toujours pleine. On y rencontre plein de m'as-tu-vu aux cheveux longs et en robe moulante ...

wickeln • schief gewickelt sein

se fourrer le doigt dans l'œil (fam)

▶ Tu te fourres le doigt dans l'œil si tu crois que je vais t'aider encore une fois.

Wiesel • (flink) wie ein Wiesel

vif comme un écureuil

▶ Toto, c'est un petit garçon intelligent et vif comme un écureuil.

Wolf • mit den Wölfen heulen

hurler avec les loups, être loup avec les loups

▶ Ce jeune politicien ambitieux a vite appris à hurler avec les loups.

Wort • Das ist ein Wort!

Voilà ce qui s'appelle parler !

Wörtchen • Wenn das Wörtchen wenn nicht wär ... (, wär mein Vater Millionär.)

Avec des si, on mettrait Paris en bouteille ! (prov)

Wurst • Das ist mir wurst/wurscht!

Je m'en bats l'œil ! / Je m'en fous !

X

46 **X • jmd ein X für ein U vormachen**

faire prendre des vessies pour des lanternes (fam)

▶ Je lui ai dit de ne pas se moquer de moi, et d'arrêter de vouloir me faire prendre des vessies pour des lanternes.

X-Beine • X-Beine haben

avoir des jambes cagneuses

▶ Il était chauve, bossu et avait des jambes cagneuses. Il n'était vraiment pas joli à voir.

47

Zack • Zack-zack!
Allez hop ! Vite, vite !

Zacken • Da wird dir kein Zacken aus der Krone fallen!
Tu n'en mourras pas !

Zahn • der Zahn der Zeit
les ravages du temps
▶ Un jour, on s'aperçoit que le maquillage ne suffit plus pour cacher les ravages du temps.

Zauber • Das ist ein fauler Zauber.
C'est du bidon.

zeigen • Denen werden wir's zeigen!
Ils nous le paieront !

Zeit • Alles zu seiner Zeit!
Chaque chose en son temps !

Zeit • mit der Zeit gehen
vivre avec son temps
▶ Mon oncle a toujours vécu avec son temps, il connait tout de la technique moderne. Quand j'ai un problème d'ordinateur, c'est toujours à lui que je m'adresse.

Zenit • den Zenit erreicht haben
avoir atteint le zénith, être au zénith
▶ Quand il a atteint le zénith de sa carrière, il a décidé de quitter la scène politique et d'écrire un roman.

Zeug • sich ins Zeug legen

suer sang et eau

▶ Il a sué sang et eau pour obtenir ce contrat. Maintenant qu'il l'a dans la poche, il part en vacances.

 48

Ziege • eine alte Ziege sein

être une vieille bique (fam)

▶ Je n'aime pas cette femme. C'est une vieille bique méchante qui n'aime pas les enfants et qui ne dit que du mal sur sa famille.

ziehen • einen ziehen / fahren lassen

péter (arg)

▶ Je ne sais pas ce que Georges a mangé, il n'arrête pas de péter.

Zug • in den letzten Zügen liegen

bald sterben: **être à l'agonie**

▶ Tout le monde le croyait à l'agonie quand soudain, il s'est levé pour aller aux toilettes.

Zügel • die Zügel locker lassen
lâcher la bride

▶ Depuis que le professeur de maths a un peu lâché la bride, l'ambiance est nettement meilleure. L'atmosphère est détendue et les élèves participent mieux au cours.

Zunge • Es liegt mir auf der Zunge.
Je l'ai sur le bout de la langue.

Zunge • seine Zunge im Zaum halten
tenir sa langue

▶ J'ai tenu ma langue, même si ça n'a pas été facile de garder cette bonne nouvelle pour moi pendant plus de 24 heures.

Zwang • Tu dir keinen Zwang an!
Faut pas se gêner ! / Là, où il y a de la gêne, il n'y a pas de plaisir !

Zweck • Der Zweck heiligt die Mittel.
La fin justifie les moyens.

Zwickmühle • in einer Zwickmühle sein
être coincé, être dans la merde (arg), être dans le pétrin (fam)

▶ Elle était dans la merde jusqu'au cou et personne ne l'a aidée.

Übungen

1 Verbinden Sie jede Redewendung mit ihrer Übersetzung.

1. avoir un chat dans la gorge
2. avoir une taille de guêpe
3. courir deux lièvres à la fois
4. être le coq du village
5. être un rat de bibliothèque

a. der Hahn im Korbe sein
b. eine Leseratte sein
c. einen Frosch im Hals haben
d. eine Wespentaille haben
e. zwei Herren dienen

2 Rund ums Wetter. Ergänzen Sie jeweils einen Vokal (a, e, i, o, u).

Parlons un peu de la pl u ie et du be u t mps. Il y a des jours où il fait un temps de ch en, il pl ut comme v che qui p sse. Et quand on a le malheur de se trouver dehors sans parapluie ou sans vêtements de pluie, on est vite tr mpé jusqu'aux s.

D'autres jours, il fait un fr id de c nard et on ne sait pas toujours comment s'habiller pour avoir bien chaud.

3 Das Leben ist schön, aber manchmal …
Wie heißt das französische Wort?

Quand on est une ___ *(Nudel)*, haute comme trois ___ *(Äpfel)*, qu'on pédale dans la ___ *(Sauerkraut)* et qu'on pleure toujours comme une madeleine, tout ne baigne pas vraiment dans l'___ *(Öl)* et la vie n'est pas du ___ *(Kuchen)*, … Vous ne croyez pas ?

4 Le langage des couleurs. Bringen Sie die Wörter in die richtige Reihenfolge und übersetzen Sie die Redewendung.

1. avoir cœur en or un ___avoir un cœur en or___

   Übersetzung: ______

2. au beurre œil noir un avoir ______

   Übersetzung: ______

3. bec blanc être un ______

   Übersetzung: ______

4. comme être pivoine rouge une ______

   Übersetzung: ______

5. rose est la n' vie pas toujours ______

   Übersetzung: ______

6. nuit passer blanche une ______

   Übersetzung: ______

7. affaire en une or ______

   Übersetzung: ______

5 Ach, die Liebe! Was passt zusammen? Verbinden Sie.

1. avoir	a. sous le charme de qn.
2. conter	b. les yeux doux à qn.
3. être	c. le coup de foudre
4. faire	d. fou amoureux
5. tomber	e. fleurette à qn.

Übungen

6 Ergänzen Sie die Redewendungen mit den angegebenen Wörtern.

bidon chaperon cochon fanfaron jetons long mollasson pompon rond roupillon

1. avoir les ___ ___ ___ ___ ___ ___
2. c'est du ___ ___ ___ ___ ___
3. c'est le ___ ___ ___ ___ ___ ___
4. être une tête de ___ ___ ___ ___ ___ ___
5. être un ___ ___ ___ ___ ___ ___ ___ ___ ___
6. faire le ___ ___ ___ ___ ___ ___ ___ ___
7. s'étendre de tout son ___ ___ ___ ___
8. piquer un ___ ___ ___ ___ ___ ___ ___ ___ ___
9. servir de ___ ___ ___ ___ ___ ___ ___ ___
10. ne pas tourner ___ ___ ___ ___

7 Erkennen Sie die Sprache? Setzen Sie ein.

chinois français latin ~~turc~~

Madame : Il y a tellement d'expressions que j'y perds mon ____________ …

Monsieur : Laissez donc cette langue morte et parlez-moi plutôt en bon ____________ !

Madame : En fait, je disais que « Tête de turc » était le titre d'une chanson de Michel Delpech. Écoutez les paroles et vous comprendrez !

Monsieur : Oh, tout ça, c'est du ____________ pour moi, c'est trop compliqué.

8 Kreuzen Sie die richtige Alternative an.

1. avoir bon pied, bon ◯ doigt / ◯ nez / ◯ œil
2. être au four et au ◯ moulin / ◯ parfum / ◯ rendez-vous
3. n'avoir ni queue ni ◯ bon sens / ◯ cervelle / ◯ tête
4. les bons comptes font les bons ◯ amis / ◯ copains / ◯ potes
5. ce n'est pas ma tasse de ◯ café / ◯ thé / ◯ lait
6. tel père, tel ◯ enfant / ◯ fils / ◯ garçon
7. vivre d'amour et d' ◯ eau de Cologne / ◯ eau de vie / ◯ eau fraiche
8. le travail, c'est la ◯ dignité/ ◯ santé / ◯ liberté
9. libre comme ◯ l'air / ◯ l'amour / ◯ l'oiseau

9 Ergänzen Sie die Wendungen mit der richtigen Präposition.

à côté de | ~~au~~ | dans | de | en | entre | pour | sur | sur

1. aller droit ___au___ but
2. Chaque chose ______________ son temps !
3. chercher une aiguille ______________ une botte de foin
4. en avoir ______________ son argent
5. mourir ______________ rire
6. être assis ______________ deux chaises
7. mettre qn. ______________ la voie
8. être ______________ la plaque
9. rouler ______________ l'or

Übungen

10 Auf welchen der Sinne bezieht sich die Wendung? Kreuzen Sie an.

1. appuyer sur le champignon
2. avoir l'eau à la bouche
3. dresser l'oreille
4. crever les yeux
5. fumer comme une locomotive
6. se lécher les babines
7. ne pas voir plus loin que le bout de son nez

	Hören l'ouïe	Riechen l'odorat	Schmecken le gout	Sehen la vue	Tasten le toucher
1.					
2.					
3.					
4.					
5.					
6.					
7.					

11 Mögen Sie es süß oder salzig? Ergänzen Sie die Übersetzung mit dem passenden Lebensmittel.

bifteck fraise légume pâte pêche

1. Er ist ein hohes Tier. — C'est une grosse ______________.
2. Er ist gut drauf. — Il a la ______________.
3. Er lebt wie die Made im Speck. — Il vit comme un coq en ______________.
4. Er muss immer seinen Senf dazugeben. — Il doit toujours ramener sa ______________.
5. Er verdient sein Brot. — Il court après le ______________.

12 In den folgenden Wendungen fehlt jeweils das gleiche Wort. Wissen Sie welches?

1. ___ ___ ___ ressembler comme deux gouttes d'... à qn.
se jeter à l'...
une goutte d'... dans la mer
2. ___ ___ ___ ___ ___ jouer au ... seigneur
le ... chef
ne pas être un ... parleur
3. ___ ___ ___ ___ avoir le fou ...
crever de ...
... dans sa barbe
4. ___ ___ ___ ___ avoir plus d'un ... dans son sac
en un quart de ...
jouer un mauvais ... à qn.
5. ___ ___ ___ ___ ___ être un ... renard
un petit ... gâteux
un ... schnock

13 Tiere und ihre Eigenschaften. Ergänzen Sie die Redewendungen mit den angegebenen Adjektiven.

fier | fort | muet | paresseux | têtu

1. être ______________ comme un bœuf
2. être ______________ comme une carpe
3. être ______________ comme une couleuvre
4. être ______________ comme une mule
5. être ______________ comme un paon

Übungen

14 Verbinden Sie die Synonyme.

1. J'ai un coup de barre.
2. J'en ai assez.
3. Je suis claqué.
4. Je suis époustouflé.
5. Je suis de mauvais poil.

a. Je suis ébahi.
b. Je suis de mauvaise humeur.
c. Je suis complètement crevé.
d. J'en ai marre.
e. J'ai un coup de pompe.

15 Ne vous en mordez pas les pouces ! Beißen Sie sich nicht in den Hintern, sondern wählen Sie die richtige Alternative.

Si vous donnez un coup de ◯ main / ◯ tête à votre voisin, ça ne vous cassera pas la ◯ figure / ◯ jambe. Mais s'il vous demande de l'aider tous les weekends, vous serez vite sur les ◯ genoux / ◯ rotules. Alors un jour ou l'autre, ça vous prendra la ◯ cervelle / ◯ tête et vous penserez peut-être que vous n'avez pas eu le ◯ nez / ◯ pied fin.

16 Savez-vous aussi compter en français ? Ergänzen Sie den Text mit den angegebenen Zahlen.

une | deux | deux | trois | quatre

Tiré à ________________ épingles, l'homme pressé a bouclé sa valise. Et en moins de ________________ , il est monté dans la voiture pour se rendre à la gare. Quand il est arrivé, il était moins ________________ et il n'avait pas le temps de prendre son billet. Alors en ________________ temps, ________________ mouvements, il a couru vers le quai. Ouf, c'était juste ! Mais bizarrement le train ne venait pas... Évidemment, il avait dix minutes de retard...

17 **Comment ça va la nature ? Finden Sie im Buchstabengitter zehn Wörter zum Thema Natur und ergänzen Sie dann die Wendungen.**

G	A	N	F	O	U	D	R	E	M
I	M	A	U	V	R	I	R	U	C
V	E	O	N	A	T	R	O	L	E
R	Y	A	N	B	E	G	R	I	C
O	R	S	U	T	R	I	J	N	L
C	A	I	V	E	A	Q	U	I	A
H	O	F	E	U	R	G	N	E	I
E	B	R	A	X	A	L	N	O	R
R	U	D	U	O	Q	U	H	E	S
O	C	A	I	L	L	O	U	J	E

1. avec la rapidité de l'___ ___ ___ ___ ___ ___
2. c'est à se rouler par ___ ___ ___ ___ ___
3. décrocher la ___ ___ ___ ___ pour qn.
4. être frappé par la ___ ___ ___ ___ ___ ___
5. faire une ___ ___ ___ ___ ___ ___ ___ ___ de tout
6. il y a anguille sous ___ ___ ___ ___ ___
7. libre comme l'___ ___ ___
8. mettre sa main au ___ ___ ___ pour qn.
9. rester le bec dans l'___ ___ ___
10. ne plus avoir un poil sur le ___ ___ ___ ___ ___ ___ ___

Übungen

18 Welches Tier wird gesucht? Ergänzen Sie die Wendungen.

chameau écureuil loup pinson pou

1. être connu comme le ____________ blanc
2. être gai comme un ____________
3. être laid comme un ____________
4. être sobre comme un ____________
5. être vif comme un ____________

19 Qui oder où? Ergänzen Sie das passende Relativpronomen.

Deux amies se rencontrent.

Sarah : Pourquoi est-ce que tu me regardes comme une poule ________ a trouvé un couteau ? Il y a quelque chose ________ cloche ?

Camille : Tu as un truc sur la tête…

Sarah : Ben oui, c'est un chapeau.

Camille : Oui, mais un chapeau avec une grosse plume…

Sarah : En ce moment, je ne sais plus ________ mettre la tête.

Camille : Ça, tu l'as dit.

Sarah : Oh, ton commentaire, tu peux te le mettre ________ je pense !

20 Schlossherr werden ist nicht schwer, Schlossherr sein dagegen sehr … Welches Verb passt in welche Lücke?

envoyer faire mener s'ennuyer vouloir

____________ la vie de château ne veut pas nécessairement dire ____________ péter plus haut que son cul, ____________ des chichis ou ____________ balader les gens, mais ____________ à mort peut arriver.

21 Sind die folgenden Sprichwörter richtig (vrai) oder falsch (faux)? Kreuzen Sie an.

1. Avec des si, on mettrait Paris en bouteille. ◯ Vrai ◯ Faux
2. C'est pas à un vieux clown qu'on apprend à faire des grimaces. ◯ Vrai ◯ Faux
3. Je l'ai sur le bout du doigt. ◯ Vrai ◯ Faux
4. On ne fait pas de crêpes sans casser les œufs. ◯ Vrai ◯ Faux
5. Tu peux attendre jusqu'à la Saint-Glinglin ! ◯ Vrai ◯ Faux

22 Was gehört zusammen? Verbinden Sie die Redewendungen mit den Erklärungen.

1. Ça lui va comme un tablier à une vache.
2. être dans ses petits souliers
3. lâcher les baskets de qn.
4. ne pas mettre les deux pieds dans le même sabot
5. se serrer la ceinture d'un cran

a. se priver de qc.
b. prendre des initiatives
c. ne pas se faire remarquer
d. laisser qn. tranquille
e. aller très mal à qn.

23 Der Schein trügt ... Vervollständigen Sie die Beschreibung mit den angegebenen Wörtern.

bonnet | casquette | culotte | jupons | pompes

Il était une fois un gros ____________ . C'était un vrai coureur de ____________ . Souvent le matin, il avait une ____________ plombée. Alors il était à côté de ses ____________ . Mais à la maison, sa femme portait la ____________ ! Connaissez-vous cette personne ?

Übungen

24 Welche Gefühle drücken die Wendungen aus? Kreuzen Sie an.

1. avoir la trouille
2. ne pas être présentable
3. ça va barder
4. c'est à pleurer
5. c'est à se taper le cul par terre
6. être fou de joie
7. être la risée de qn.
8. être une poule mouillée

	Angst la peur	Freude la joie	Traurigkeit la tristesse	Wut la colère	Scham la honte
1.					
2.					
3.					
4.					
5.					
6.					
7.					
8.					

25 Was sich reimt, ist gut! Vervollständigen Sie das Gedicht mit den angegebenen Wörtern.

assiette | boulettes | escampette | ~~fête~~ | pompette

Quand on fait bien la ___fête___,
on est quelquefois ______
et on fait des ______.
Le lendemain, on n'est pas toujours dans son ______.
Alors on regrette de ne pas avoir pris assez tôt la poudre
d'______.

26 Tragen Sie die fehlenden Begriffe ins Kreuzworträtsel ein.

Horizontalement

4. laisser tomber qn. comme une vieille ...
5. mettre qn. dans sa ...

Verticalement

1. Je le vois venir avec ses gros ...
2. lécher les ... à qn.
3. se mettre la ...

27 Sait-on toujours à quel saint se vouer ? Wissen wir manchmal nicht ein noch aus?

béni-oui-oui | catholique | cul-béni | esprits | paroisse

À la fin de sa vie, mamie qui n'était pas un ______________ n'avait plus tous ses ______________ , mais elle était loin d'être un ______________ . D'ailleurs quand on lui donnait seulement un petit whisky à l'apéritif, elle ne trouvait pas ça très ______________ et elle prêchait rapidement pour sa ______________ disant que c'était bon pour son cœur.

Übungen

Was steckt hinter diesen Redewendungen? Kreuzen Sie die richtige Erklärung an.

1. fumer comme un sapeur
   a. ◯ Les sapeurs utilisaient souvent une échelle et montaient donc comme la fumée.
   b. ◯ Quand les sapeurs sortaient d'un incendie, leurs vêtements semblaient fumer.
   c. ◯ Stressés par leur travail, les sapeurs fumaient une cigarette après l'autre.
2. jurer comme un charretier
   a. ◯ Leurs charrettes ne roulaient pas toujours bien, alors les charretiers parlaient grossièrement.
   b. ◯ Les charretiers s'engageaient clairement à faire leur travail.
   c. ◯ Quand les charretiers buvaient trop, ils disaient plein de gros mots.
3. mentir comme un arracheur de dents
   a. ◯ Les dentistes disaient qu'arracher une dent ne coutait pas cher.
   b. ◯ Les dentistes faisaient croire qu'arracher une dent ne faisait pas mal.
   c. ◯ Pendant que les dentistes arrachaient une dent aux patients, ils leur racontaient des histoires qu'ils inventaient.

Zum Abschluss schreiben Sie Ihre drei Lieblings-redewendungen auf.

1. ______________________________
2. ______________________________
3. ______________________________

1 1. c 2. d 3. e 4. a 5. b

2 pluie, beau temps, chien, pleut, vache, pisse, trempé, os, froid, canard

3 nouille, pommes, choucroute, huile, gâteau

4 1. avoir un cœur en or / ein Herz aus Gold haben
2. avoir un œil au beurre noir / ein Veilchen haben
3. être un blanc bec / noch grün hinter den Ohren sein
4. être rouge comme une pivoine / rot wie eine Tomate werden
5. la vie n'est pas toujours rose / das ist kein Honigschlecken
6. passer une nuit blanche / sich die Nacht um die Ohren schlagen
7. une affaire en or / ein Bombengeschäft

5 1. c 2. e 3. d 4. b 5. a

6 1. jetons 2. bidon 3. pompon 4. cochon 5. mollasson 6. fanfaron 7. long 8. roupillon 9. chaperon 10. rond

7 latin, français, turc, chinois

8 1. œil 2. moulin 3. tête 4. amis 5. thé 6. fils 7. eau fraiche 8. santé 9. l'air

9 1. au 2. en 3. dans 4. pour 5. de 6. entre 7. sur 8. à côté de 9. sur

10 **Hören:** 3. **Riechen:** 5. **Schmecken:** 2., 6. **Sehen:** 4., 7. **Tasten:** 1.

11 1. légume 2. pêche 3. pâte 4. fraise 5. bifteck

12 1. eau 2. grand 3. rire 4. tour 5. vieux

13 1. fort 2. muet 3. paresseux 4. têtu 5. fier

14 1. e 2. d 3. c 4. a 5. b

15 main, jambe, rotules, tête, nez

16 quatre, deux, une, deux, trois

17

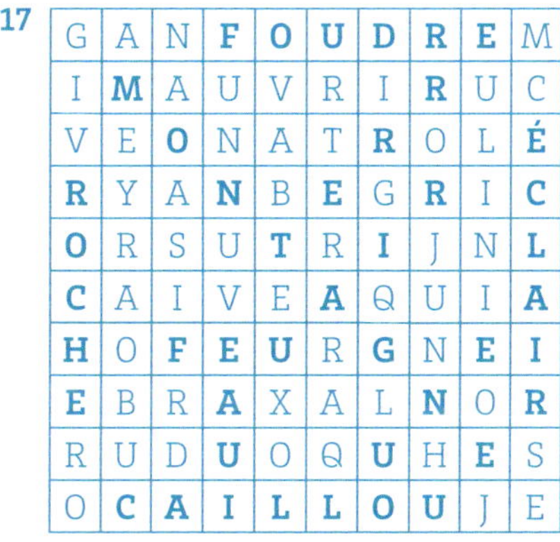

G	A	N	**F**	**O**	**U**	**D**	**R**	**E**	M
I	**M**	A	U	V	R	I	**R**	U	C
V	E	**O**	N	A	T	**R**	O	L	**É**
R	Y	A	**N**	B	**E**	G	**R**	I	**C**
O	R	S	U	**T**	R	**I**	J	N	**L**
C	A	I	V	E	**A**	Q	U	I	**A**
H	O	**F**	**E**	**U**	R	**G**	N	**E**	**I**
E	B	R	**A**	X	A	L	**N**	O	**R**
R	U	D	**U**	O	Q	**U**	H	**E**	S
O	**C**	**A**	**I**	**L**	**L**	**O**	**U**	J	E

1. éclair 2. terre 3. lune 4. foudre 5. montagne 6. roche 7. air 8. feu 9. eau 10. caillou

18 1. loup 2. pinson 3. pou 4. chameau 5. écureuil

19 qui, qui, où, où

20 Mener, vouloir, faire, envoyer, s'ennuyer

21 1. Vrai 2. Faux 3. Faux 4. Faux 5. Vrai

Lösungen

22 1. e 2. c 3. d 4. b 5. a

23 bonnet, jupons, casquette, pompes, culotte

24 **Angst:** 1., 8. **Freude:** 5., 6. **Traurigkeit:** 4. **Wut:** 3. **Scham:** 2., 7.

25 fête, pompette, boulette, assiette, escampette

26

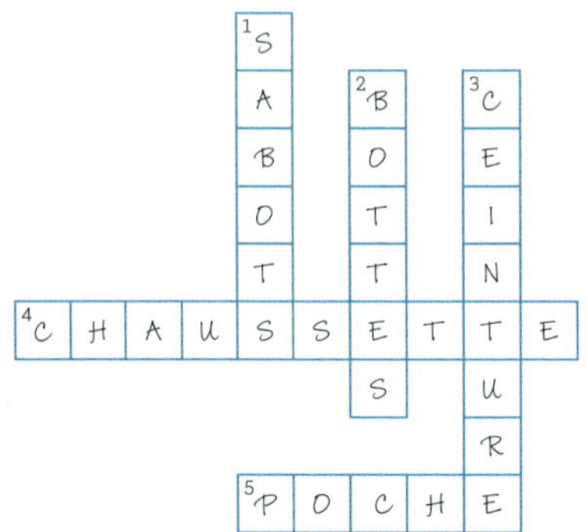

27 cul-béni, esprits, béni-oui-oui, catholique, paroisse

28 1. b 2. a 3. b

Register

F

Register

U

V

Y